T0128072

Anti-Stress-Trainer

Reihe herausgegeben von
P. Buchenau
The Right Way GmbH
Waldbrunn
Deutschland

Stress ist in unserem Privat- und Berufsleben alltäglich und ist laut WHO die größte Gesundheitsgefährdung im 21. Jahrhundert. Die durch Stress verursachten Krankheitskosten erreichten bereits jährlich die Milliarden-Euro-Grenze. Jeder Mensch ist aber verschieden und reagiert unterschiedlich auf Stress. Als Ursache lässt sich Stress nicht einfach und oft erst spät erkennen, sodass Prävention und Behandlung erschwert werden. Die Anzahl der durch Stress bedingten Erkrankungen nimmt folglich weiter zu, Ausfälle im Berufsleben sind vorprogrammiert. Die Anti-Stress-Trainer-Reihe setzt sich mit dieser Thematik intensiv in einem beruflichen Kontext auseinander. Initiator Peter Buchenau gibt Experten aus unterschiedlichen Branchen die Möglichkeit, für Ihr jeweiliges Fachgebiet präventive Stressregulierungsmaßnahmen unterhaltsam und leicht verständlich zu beschreiben. Ein kompaktes Taschenbuch von Profis für Profis, aus der Praxis für die Praxis. Leserinnen und Leser, egal ob Führungskräfte, Angestellte oder Privatpersonen, erhalten praxiserprobte Stresspräventionstipps, die in ihrem spezifischen Arbeits- und Lebensumfeld eine Entlastung bringen können

Weitere Bände in der Reihe
http://www.springer.com/series/16163

Stefan Assian

Der Anti-Stress-Trainer für Personalverantwortliche

Praxis für Sie und Ihre Mitarbeiter

Stefan Assian
Seminare Würzburg Pro IQ GmbH
Würzburg, Deutschland

Anti-Stress-Trainer
ISBN 978-3-658-22598-8   ISBN 978-3-658-22599-5   (eBook)
https://doi.org/10.1007/978-3-658-22599-5

Die Deutsche Nationalbibliothek verzeichnet diese Publikation in der Deutschen Nationalbibliografie; detaillierte bibliografische Daten sind im Internet über http://dnb.d-nb.de abrufbar.

Springer Gabler
© Springer Fachmedien Wiesbaden GmbH, ein Teil von Springer Nature 2019

Springer Gabler ist ein Imprint der eingetragenen Gesellschaft Springer Fachmedien Wiesbaden GmbH und ist ein Teil von Springer Nature
Die Anschrift der Gesellschaft ist: Abraham-Lincoln-Str. 46, 65189 Wiesbaden, Germany

Geleitwort

Ein stressfreies Leben bedeutet eine besondere Lebensqualität, zu der eine grundlegende Zufriedenheit mit der geschaffenen Arbeit in Verbindung mit dem Privatleben gehört. Wie kann man stressfrei leben und trotzdem den Anforderungen genügen, die sich von allen Seiten auf die Menschen stürzen und sie in Tätigkeiten drängen, die sie manchmal nicht einmal als sinnvoll betrachten? Wie findet man ein richtiges Verhältnis zwischen vollem Energieeinsatz und den notwendigen Ruhephasen? Denn wir wissen ja, dass auch ein Musikstück ohne genau eingesetzte Pausen nur ein ungeordnetes Getöse wäre, und so soll unser Leben nicht aussehen.

Dieses Buch beschäftigt sich auf einer Seite mit den theoretischen Stressmodellen und benennt Prozesse, die den Stress verstärken; auf der anderen Seite sind hier

Techniken beschrieben, mit denen gegen Stress gearbeitet werden kann. Das Buch führt Sie zum Begreifen der eigenen Stressursachen und zum Erkennen des eigenen Stressprofils und benutzt dazu eine moderne Mischung aus westlichen und östlichen Theorien sowie Übungen. Das Buch zeigt, wie man neue Blickwinkel für eigene Stresssituationen entwickeln und sich selbst helfen kann.

Es empfiehlt sich, alle Möglichkeiten zu nutzen, um die eigene Ermüdungsgrenze rechtzeitig zu erkennen und die angestrebte Lebensqualität zu schützen.

Dr. Olga Bulinova

Vorwort

Der Stresspegel in den Unternehmen steigt. Nach außen scheinen es die Anforderungen an das Wissen und die Flexibilität der Mitarbeiter zu sein. Auch die Notwendigkeit adäquat auf Veränderungen zu reagieren ist real – doch sind dies die wichtigsten Stressfaktoren?

Hoch motivierte Mitarbeiter stressen sich häufig selbst oder werden, ohne negative Absicht von ihren Vorgesetzten, durch vermeidbare Fehler in den Burnout getrieben. Missverständnisse, falsche Informationspolitik, Gefühle, die aus Ängsten resultieren, oder unnötige unterbewusste entstehende Dramen, die jedoch nichts mit den Fakten zu tun haben, bilden den Nährboden dafür.

Kein Controller, kein Betriebsarzt kann beziffern wie viel Arbeitskraft, Gesundheit und Lebensfreude auf diese Weise täglich vernichtet werden. Der technische Wandel kann keine Antworten geben. Wir sind alles in einem: reale, sozial-emotionale, mentale und spirituelle Wesen. Daher kann eine Hilfe nur von innen heraus, aus Ihrem Wesen auf den Ebenen Ihres Seins erfolgen.

In diesem Buch werden dazu zwei Verfahren vorgestellt: „Die Fünf Ebenen" und „Die Fünf Elemente". Dabei handelt es sich um Handlungswissen, das seit vielen Jahrtausenden bewährt ist. Es kann in jede Managementstrategie, jedes Gesundheitswesen, jedes Changemanagement und vor allem für Ihre persönliche Entwicklung hin zu einem stressfreieren Leben eingebunden werden. Kritische Phasen können damit besser und mit mehr Energie überstanden werden.

Meine Aufgabe sehe ich darin, dieses alte Wissen in die Moderne zu übertragen, sodass es sowohl in einem betriebswirtschaftlich sachlichen als auch menschlichen Kontext besteht. Um diese beiden Verfahren anzuwenden, benötigen Sie kein Geld: Es genügt nur 5 % bei sich selbst oder in Ihrem Unternehmen zu ändern. Wer sie verinnerlicht, kann für sich und sein Umfeld das Leben erleichtern und Widerstände überwinden. Bei richtiger Umsetzung entscheiden Sie mit Ihren inneren Stärken über Ihren Return-on-Investment. Diese Investition an innerer Einstellung ist kaum monetär zu beziffern. Sie gewinnen oder bewahren Ihr letztendlich kostbarstes Gut – Ihre Lebensenergie.

Ich möchte Sie einladen, dieses Gut wiederzuentdecken und mithilfe der Fünf Ebenen und der Fünf Elemente für sich und in den Unternehmen zu fördern und zu bewahren.

Dieses Buch widme ich meinen drei Kindern und allen Menschen, die bereit sind die Ursachen ihres Stresses hinter sich zu lassen und mehr Lebensenergie zu gewinnen.

Ihr
Stefan Assian

Inhaltsverzeichnis

Über den Autor

Stefan Assian lebt seine Expertise: Changemanagement als Lebensaufgabe!

Nach dem Studium der Betriebswirtschaftslehre in Richtung Psychologie und Psychosomatik zog ihn zunächst die Industrie an: Er intensivierte sein Fachwissen an der Schnittstelle IT und Controlling und Kosten und Rationalisierung.

Mit 27 Jahren zog er es vor, sich selbstständig zu machen und gründete das Unternehmen „Run Time Consulting" und später „PRO IQ GmbH". Als Geschäftsführer von zwei Unternehmen besaß er Personalverantwortung für interne und externe Mitarbeiter und spezialisierte sich auf den Bereich der Unternehmensberatung.

Die Betreuung von großen Firmen und deren Hard- und Softskills wurde sein Metier. Darunter die E.ON, die Bundeswehr, Siemens u. v. m.

Auch dort blieb er nicht stehen, sondern entschied sich einige Jahre später für einen Change: Er wurde Heilpraktiker für Psychotherapie, Hypnotherapist, Instructor und Seminarleiter TCM. Während der Ausbildung zu den Themen Gesundheit und Lebensbalance beschäftigte er sich vornehmlich mit dem traditionellen Heilwissen. Ein weites, spannendes Feld, welches viele Türen öffnet. Die Fünf Ebenen – Hauptthema dieses Buches – begegneten ihm schon damals und er durchlief den Selbsttest auf allen Ebenen, um sich vom Risiko des Burnouts zu befreien. Ein radikaler Wandel, der nicht zu weniger produktivem Arbeiten führte, sondern zu einem bewussteren Umgang mit sich selbst und den eigenen Ressourcen. Durch die erworbenen Techniken lernte er das Spannungsfeld: drei Kinder, zwei Unternehmen und 70-Stunden-Wochen, ohne krankmachende Anspannung zu handhaben.

Seine eigene Geschichte macht seine Botschaften authentisch. Seine Biografie steckt voller Herausforderungen, denen er sich stellte und die er in bislang 27 Jahren mit Personalverantwortung erfolgreich lebte.

Heute sieht er seine Aufgabe darin, die wertvollen Heilweisen auch in die moderne technisch orientierte Unternehmenswelt zu übertragen. In den Firmen wird Tag für Tag wertvolle Lebensenergie vernichtet. Die Kombination der Erfahrung im technisch-betriebswirtschaftlichen Bereich mit dem Wissen alter Heilweisen, fließt in Verfahren ein, von denen Mitarbeiter und in der Folge auch die Unternehmen profitieren können.

Unter der imaginären Überschrift: Lebensenergie ist des Menschen höchstes Gut, stellt er immer neue Seminare auf die Beine, die den Menschen in den Mittelpunkt stellen:

Zurzeit leitet Herr Assian hauptsächlich Gesundheitsseminare in Würzburg und auf Mallorca:

seminare-wuerzburg.de
gesundheitssegeln.de
gesundheitskloster.de
gesundheitsfinca.de

1

Kleine Stresskunde: Das Adrenalinzeitalter

Peter Buchenau

Das Konzept der Reihe

Möglicherweise kennen Sie bereits meinen Anti-Stress-Trainer (Buchenau 2014). Das vorliegende Kapitel greift darauf zurück, weil das Konzept der neuen Anti-Stress-Trainer-Reihe die Tipps, Herausforderungen und Ideen aus meinem Buch mit den jeweiligen Anforderungen der unterschiedlichen Berufsgruppen verbindet. Die Autoren, die jeweils aus Ihrem Jobprofil kommen, schneiden diese Inhalte dann für Sie zu. Viel Erfolg und passen Sie auf sich auf.

Leben auf der Überholspur: Sie leben unter der Diktatur des Adrenalins. Sie suchen immer den neuen Kick, und das nicht nur im beruflichen Umfeld. Selbst in der Freizeit, die Ihnen eigentlich Ruhephasen vom Alltagsstress bringen sollte, kommen Sie nicht zur Ruhe. Mehr als 41 % aller Beschäftigten geben bereits heute an, sich

© Springer Fachmedien Wiesbaden GmbH, ein Teil von Springer Nature 2019
S. Assian, *Der Anti-Stress-Trainer für Personalverantwortliche,*
Anti-Stress-Trainer, https://doi.org/10.1007/978-3-658-22599-5_1

in der Freizeit nicht mehr erholen zu können. Tendenz steigend. Wen wundert es?

Anstatt sich mit Power-Napping (Kurzschlaf) oder Extrem-Couching (Gemütlichmachen) in der Freizeit Ruhe und Entspannung zu gönnen, macht die Gesellschaft vermehrt Extremsportarten wie Fallschirmspringen, Paragliding, Extremclimbing oder Marathon zu ihren Hobbys. Jugendliche ergeben sich dem Komasaufen, der Einnahme von verschiedensten Partydrogen oder verunstalten ihr Äußeres massiv durch Tattoos und Piercing. Sie hasten nicht nur mehr und mehr atemlos durchs Tempoland Freizeit, sondern auch durch das Geschäftsleben. Ständige Erreichbarkeit heißt die Lebenslösung. Digitalisierung und mobile virtuelle Kommunikation über die halbe Weltkugel bestimmen das Leben. Wer heute seine E-Mails nicht überall online checken kann, wer heute nicht auf Facebook, Instagram & Co. ist, ist out oder schlimmer noch, der existiert nicht.

Klar, die Anforderungen im Beruf werden immer komplexer. Die Zeit überholt uns, engt uns ein, bestimmt unseren Tagesablauf. Viel Arbeit, ein Meeting jagt das nächste, und ständig klingelt das Smartphone. Multitasking ist angesagt, und wir wollen so viele Tätigkeiten wie möglich gleichzeitig erledigen.

Schauen Sie sich doch mal in Ihren Meetings um. Wie viele Angestellte in Unternehmen beantworten in solchen Treffen gleichzeitig ihre E-Mails oder schreiben WhatsApp-Nachrichten? Kein Wunder, dass diese Mitarbeiter dann nur die Hälfte mitbekommen und Folgemeetings notwendig sind. Ebenfalls kein Wunder, dass das Leben einem davonrennt. Aber wie sagt schon ein altes chinesisches Sprichwort: „Zeit hat nur der, der sich auch Zeit nimmt." Zudem ist es unhöflich, seinem Gesprächspartner nur halb zuzuhören.

Das Gefühl, dass sich alles zum Besseren wendet, wird sich mit dieser Einstellung nicht einstellen. Im Gegenteil: Alles wird noch rasanter und flüchtiger. Müssen Sie dafür Ihre Grundbedürfnisse vergessen? Wurden Sie mit Stress oder Burnout geboren? Nein, sicherlich nicht. Warum müssen Sie sich dann den Stress antun?

Zum Glück gibt es dazu das Adrenalin. Das Superhormon, die Superdroge der High-Speed-Gesellschaft. Bei Chemikern und Biologen auch unter $C_9H_{13}NO_3$ bekannt. Dank Adrenalin schuften Sie wie ein Hamster im Rad. Schneller und schneller und noch schneller. Sogar die Freizeit läuft nicht ohne Adrenalin. Der Stress hat in den letzten Jahren dramatisch zugenommen und somit auch die Adrenalinausschüttung in Ihrem Körper.

Schon komisch: Da produzieren Sie massenhaft Adrenalin und können dieses so schwer erarbeitete Produkt nicht verkaufen. Ja, nicht mal verschenken können Sie es. In welcher Gesellschaft leben Sie denn überhaupt, wenn Sie für ein produziertes Produkt keine Abnehmer finden?

Deshalb die Frage aus betriebswirtschaftlicher Sicht an alle Unternehmer, Führungskräfte und Selbstständigen: Warum produziert Ihr ein Produkt, das Ihr nicht am Markt verkaufen könnt? Wärt Ihr meine Angestellten, würde ich Euch wegen Unproduktivität und Fehleinschätzung des Marktes feuern.

Stress kostet Unternehmen und Privatpersonen viel Geld. Gemäß einer Studie der Europäischen Beobachtungsstelle für berufsbedingte Risiken (mit Sitz in Bilbao) vom 04.02.2008 leidet jeder vierte EU-Bürger unter arbeitsbedingtem Stress. Im Jahre 2005 seien 22 % der europäischen Arbeitnehmer von Stress betroffen gewesen, ermittelte die Institution. Abgesehen vom menschlichen Leid bedeutet das auch, dass die wirtschaftliche Leistungsfähigkeit der Betroffenen in erheblichem Maße beeinträchtigt ist. Das kostet Unternehmen bares Geld. Schätzungen zufolge betrugen die Kosten, die der Wirtschaft in Verbindung mit arbeitsbedingtem Stress entstehen, 2002 in den damals noch 15 EU-Ländern 20 Mrd. EUR. 2006 schätzte das betriebswirtschaftliche Institut der Fachhochschule Köln diese Zahl alleine in Deutschland auf 80 bis 100 Mrd. EUR.

60 % der Fehltage gehen inzwischen auf Stress zurück. Stress ist mittlerweile das zweithäufigste arbeitsbedingte Gesundheitsproblem. Nicht umsonst hat die Weltgesundheitsorganisation WHO Stress zur größten Gesundheitsgefahr im 21. Jahrhundert erklärt. Viele Verbände wie zum Beispiel der Deutsche Managerverband haben Stress und Burnout auch zu zentralen Themen ihrer Verbandsarbeit erklärt.

1.1 Was sind die Ursachen?

Die häufigsten Auslöser für den Stress sind der Studie zufolge unsichere Arbeitsverhältnisse, hoher Termindruck, unflexible und lange Arbeitszeiten, Mobbing und nicht zuletzt die Unvereinbarkeit von Beruf und Familie. Neue Technologien, Materialien und Arbeitsprozesse bringen der Studie zufolge ebenfalls Risiken mit sich.

Meist Arbeitnehmer, die sich nicht angemessen wertgeschätzt fühlen und auch oft unter- beziehungsweise überfordert sind, leiden unter Dauerstress. Sie haben ein doppelt so hohes Risiko, an einem Herzinfarkt oder einer Depression zu erkranken. Anerkennung und die Perspektive, sich in einem sicheren Arbeitsverhältnis weiterentwickeln zu können, sind in diesem Umfeld viel wichtiger als nur eine angemessene Entlohnung. Diesen Wunsch vermisst man meist in öffentlichen Verwaltungen, in Behörden sowie Großkonzernen. Gewalt und Mobbing sind oft die Folge.

Gerade in Zeiten von Wirtschaftskrisen bauen Unternehmen und Verwaltungen immer mehr Personal ab. Hetze und Mehrarbeit aufgrund von Arbeitsverdichtung sind die Folge. Zieht die Wirtschaft wieder an, werden viele offene Stellen nicht mehr neu besetzt. Das Ergebnis: Viele Arbeitnehmer leisten massive Überstunden. 59 % haben Angst um ihren Job oder ihre Position im Unternehmen, wenn sie diese Mehrarbeit nicht erbringen, so die Studie.

Weiter ist bekannt, dass Druck (also Stress) Gegendruck erzeugt. Druck und Mehrarbeit über einen langen Zeitraum führen somit zu einer Produktivitäts-Senkung. Gemäß einer Schätzung des Kölner Angstforschers Wilfried Panse leisten Mitarbeiter schon lange vor einem Zusammenbruch 20 bis 40 % weniger als gesunde Mitarbeiter.

Wenn Vorgesetzte in diesen Zeiten zudem Ziele schwach oder ungenau formulieren und gleichzeitig Druck ausüben, erhöhen sich die stressbedingten Ausfallzeiten, die dann von den etwas stressresistenteren Mitarbeitern aufgefangen werden müssen. Eine Spirale, die sich immer tiefer in den Abgrund bewegt.

Im Gesundheitsbericht der Deutschen Angestellten Krankenkasse (DAK) steigt die Zahl der psychischen Erkrankungen massiv an und jeder zehnte Fehltag geht auf das Konto stressbedingter Krankheiten. Gemäß einer Studie des DGB bezweifeln 30 % der Beschäftigten, ihr Rentenalter im Beruf zu erreichen. Frühverrentung ist die Folge. Haben Sie sich mal für Ihr Unternehmen gefragt, wie viel Geld Sie in Ihrem Unternehmen für durch Stress verursachte Ausfallzeiten bezahlen? Oder auf den einzelnen Menschen bezogen: Wie viel Geld zahlen Sie für Ihre Krankenversicherung und welche Gegenleistung bekommen Sie von der Krankenkasse dafür?

Vielleicht sollten die Krankenkassen verstärkt in die Vermeidung stressverursachender Aufgaben und Tätigkeiten investieren anstatt Milliarden unüberlegt in die Behandlung von gestressten oder bereits von Burnout betroffenen Menschen zu stecken. In meiner Managerausbildung lernte ich bereits vor 20 Jahren: „Du musst das Problem an der Wurzel anpacken." Vorbeugen ist immer noch besser als reparieren.

Beispiel: Bereits 2005 erhielt die London Underground den Unum Provident Healthy Workplaces Award (frei übersetzt: den Unternehmens-Gesundheitsschutz-Präventionspreis) der britischen Regierung. Alle 13.000 Mitarbeiter der London Underground wurden ab 2003 einem Stress-Regulierungsprogramm unterzogen. Die Organisation wurde angepasst, die Vorgesetzten auf Früherkennung und stressreduzierende Arbeitstechniken ausgebildet, und alle Mitarbeiter wurden über die Gefahren von Stress und Burnout aufgeklärt. Das Ergebnis war verblüffend. Die Ausgaben, bedingt durch Fehlzeiten der Arbeitnehmer, reduzierten sich um 455.000 britische Pfund, was einem Return on Invest von 1:8 entspricht. Mit anderen Worten: Für jedes eingesetzte britische Pfund fließen acht Pfund wieder zurück ins Unternehmen. Eine erhöhte Produktivität des einzelnen Mitarbeiters war die Folge. Ebenso verbesserte sich die gesamte Firmenkultur. Die Mitarbeiter erlebten einen positiven Wechsel in Gesundheit und Lifestyle.

Wann hören Sie auf, Geld aus dem Fenster zu werfen? Unternehmer, Führungskräfte, Personalverantwortliche und Selbstständige müssen sich deshalb immer wieder die Frage stellen, wie Stress im Unternehmen verhindert oder gemindert werden kann, um Kosten zu sparen und um somit die Produktivität und Effektivität zu steigern. Doch anstatt in Stresspräventionstrainings zu investieren, stehen landläufig weiterhin die Verkaufs- und Kommunikationsfähigkeiten des Personals im Fokus. Dabei zahlt sich, wie diese Beispiele beweisen, Stressprävention schnell und nachhaltig aus: Michael Kastner, Leiter des Instituts für Arbeitspsychologie und Arbeitsmedizin in Herdecke, beziffert die Rentabilität: „Eine Investition von einem Euro in eine moderne Gesundheitsförderung zahlt sich nach drei Jahren mit mindestens 1,8 EUR aus."

1.2   Überlastet oder gar schon gestresst?

Modewort Stress … Der Satz „Ich bin im Stress" ist anscheinend zum Statussymbol geworden, denn wer so viel zu tun hat, dass er gestresst ist, scheint eine gefragte und wichtige Persönlichkeit zu sein. Stars, Manager, Politiker gehen hier mit schlechtem Beispiel voran und brüsten sich in der Öffentlichkeit damit, „gestresst zu sein". Stress scheint daher beliebt zu sein und ist immer eine willkommene Ausrede.

Es gehört zum guten Ton, keine Zeit zu haben, sonst könnte ja Ihr Gegenüber meinen, Sie täten nichts, seien faul, hätten wahrscheinlich keine Arbeit oder seien ein Versager. Überprüfen Sie mal bei sich selbst oder in Ihrem unmittelbaren Freundeskreis die Wortwahl: Die Mutter hat Stress mit ihrer Tochter, die Nachbarn haben Stress wegen der neuen Garage, der Vater hat Stress, weil er die Winterreifen wechseln muss, der Arbeitsweg ist stressig, weil so viel Verkehr ist, der Sohn kann nicht zum Sport, weil die Hausaufgaben ihn stressen, der neue Hund stresst, weil die Tochter, für die der Hund bestimmt war, Stress mit ihrer besten Freundin hat – und dadurch keine Zeit.

Ich bin gespannt, wie viele banale Erlebnisse Sie in Ihrer Familie und in Ihrem Freundeskreis entdecken.

Gewöhnen sich Körper und Geist an diese Bagatellen, besteht die Gefahr, dass wirkliche Stress- und Burnout-Signale nicht mehr erkannt werden. Die Gefahr, in die Stress-Spirale zu geraten, steigt. Eine Studie des Schweizer Staatssekretariats für Wirtschaft aus dem Jahr 2000 untermauerte dies bereits damit, dass sich 82 % der Befragten gestresst fühlen, aber 70 % ihren Stress im Griff haben. Entschuldigen Sie meine provokante Aussage: Dann haben Sie keinen Stress.

Überlastung … Es gibt viele Situationen von Überlastung. In der Medizin, Technik, Psyche, Sport et cetera hören und sehen wir jeden Tag Überlastungen. Es kann ein

Boot sein, welches zu schwer beladen ist. Ebenso aber auch, dass jemand im Moment zu viel Arbeit, zu viele Aufgaben, zu viele Sorgen hat oder dass ein System oder ein Organ zu sehr beansprucht ist und nicht mehr richtig funktioniert. Beispiel kann das Internet, das Stromnetz oder das Telefonnetz sein, aber auch der Kreislauf oder das Herz.

Die Fachliteratur drückt es als „momentan über dem Limit" oder „kurzzeitig mehr als erlaubt" aus. Wichtig ist hier das Wörtchen „momentan". Jeder von uns Menschen ist so gebaut, dass er kurzzeitig über seine Grenzen hinausgehen kann. Jeder von Ihnen kennt das Gefühl, etwas Besonders geleistet zu haben. Sie fühlen sich wohl dabei und sind meist hinterher stolz auf das Geleistete. Sehen Sie Licht am Horizont und sind Sie sich bewusst, welche Tätigkeit Sie ausführen und zudem, wie lange Sie an einer Aufgabe zu arbeiten haben, dann spricht die Stressforschung von Überlastung und nicht von Stress. Also dann, wenn der Vorgang, die Tätigkeit oder die Aufgabe für Sie absehbar und kalkulierbar ist. Dieser Vorgang ist aber von Mensch zu Mensch unterschiedlich. Zum Beispiel fühlt sich ein Marathonläufer nach 20 km überhaupt nicht überlastet, aber der übergewichtige Mensch, der Schwierigkeiten hat, zwei Stockwerke hochzusteigen, mit Sicherheit. Für ihn ist es keine Überlastung mehr, für ihn ist es Stress.

1.3 Alles Stress oder was?

Stress … Es gibt unzählige Definitionen von Stress und leider ist eine Eindeutigkeit oder eine Norm bis heute nicht gegeben. Stress ist individuell, unberechenbar, nicht greifbar. Es gibt kein Allheilmittel dagegen, da jeder Mensch Stress anders empfindet und somit auch die Vorbeuge- und Behandlungsmaßnahmen unterschiedlich sind.

Nachfolgende fünf Definitionen bezüglich Stress sind richtungsweisend:

„Stress ist ein Zustand der Alarmbereitschaft des Organismus, der sich auf eine erhöhte Leistungsbereitschaft einstellt" (Hans Seyle 1936; ein ungarisch-kanadischer Zoologe, gilt als der Vater der Stressforschung).

„Stress ist eine Belastung, Störung und Gefährdung des Organismus, die bei zu hoher Intensität eine Überforderung der psychischen und/oder physischen Anpassungskapazität zur Folge hat" (Fredrik Fester 1976).

„Stress gibt es nur, wenn Sie ,Ja' sagen und ,Nein' meinen" (Reinhard Sprenger 2000).

„Stress wird verursacht, wenn du ,hier' bist, aber ,dort' sein willst, wenn du in der Gegenwart bist, aber in der Zukunft sein willst" (Eckhard Tolle 2002).

„Stress ist heute die allgemeine Bezeichnung für körperliche und seelische Reaktionen auf äußere oder innere Reize, die wir Menschen als anregend oder belastend empfinden. Stress ist das Bestreben des Körpers, nach einem irritierenden Reiz so schnell wie möglich wieder ins Gleichgewicht zu kommen" (Schweizer Institut für Stressforschung 2005).

Bei allen fünf Definitionen gilt es zu unterscheiden zwischen negativem Stress – ausgelöst durch im Geiste unmöglich zu lösende Situationen – und positivem Stress, welcher in Situationen entsteht, die subjektiv als lösbar wahrgenommen werden. Sobald Sie begreifen, dass

Sie selbst über das Empfinden von freudvollem Stress (Eu-Stress) und leidvollem Stress (Di-Stress) entscheiden, haben Sie Handlungsspielraum.

Bei **positivem Stress** wird eine schwierige Situation als positive Herausforderung gesehen, die es zu bewältigen gilt und die Sie sogar genießen können. Beim positiven Stress sind Sie hoch motiviert und konzentriert. Stress ist hier die Triebkraft zum Erfolg.

Bei **negativem Stress** befinden Sie sich in einer schwierigen Situation, die Sie noch mehr als völlig überfordert. Sie fühlen sich der Situation ausgeliefert, sind hilflos, und es werden keine Handlungsmöglichkeiten oder Wege aus der Situation gesehen. Langfristig macht dieser negative Stress krank und endet oft im Burnout.

1.4   Burnout – Die letzte Stressstufe

Burnout … Als letzte Stufe des Stresses tritt das sogenannte Burnout auf. Nun hilft keine Medizin und Prävention mehr; jetzt muss eine langfristige Auszeit unter professioneller Begleitung her. Ohne fremde Hilfe können Sie der Burnout-Spirale nicht entkommen. Die Wiedereingliederung eines Burnout-Klienten zurück in die Arbeitswelt ist sehr aufwendig. Meist gelingt das erst nach einem Jahr Auszeit, oft auch gar nicht.

Nach einer Studie der Freiburger Unternehmensgruppe Saaman aus dem Jahr 2007 haben 45 % von 10.000 befragten Managern Burnout- Symptome. Die gebräuchlichste Definition von Burnout stammt von Maslach & Jackson aus dem Jahr 1986: „Burnout ist ein Syndrom der emotionalen Erschöpfung, der Depersonalisation und der reduzierten persönlichen Leistung, das bei Individuen auftreten kann, die auf irgendeine Art mit Leuten arbeiten oder von Leuten beeinflusst werden."

Burnout entsteht nicht in Tagen oder Wochen. Burnout entwickelt sich über Monate bis hin zu mehreren Jahren, stufenweise und fortlaufend mit physischen, emotionalen und mentalen Erschöpfungen. Dabei kann es immer wieder zu zwischenzeitlicher Besserung und Erholung kommen. Der fließende Übergang von der normalen Erschöpfung über den Stress zu den ersten Stadien des Burnouts wird oft nicht erkannt, sondern als „normale" Entwicklung akzeptiert. Reagiert der Betroffene in diesem Zustand nicht auf die Signale, die sein Körper ihm permanent mitteilt und ändert der Klient seine inneren oder äußeren Einfluss- und Stressfaktoren nicht, besteht die Gefahr einer sehr ernsten Erkrankung. Diese Signale können dauerhafte Niedergeschlagenheit, Ermüdung, Lustlosigkeit, aber auch Verspannungen und Kopfschmerzen sein. Es kommt zu einer kreisförmigen, gegenseitigen Verstärkung der einzelnen Komponenten. Unterschiedliche Forschergruppen haben auf der Grundlage von Beobachtungen den Verlauf in typische Stufen unterteilt.

Wollen Sie sich das alles antun?

Leider ist Burnout in den meisten Firmen ein Tabuthema – die Dunkelziffer ist groß. Betroffene Arbeitnehmer und Führungskräfte schieben oft andere Begründungen für ihren Ausfall vor – aus Angst vor negativen Folgen, wie zum Beispiel dem Verlust des Arbeitsplatzes. Es muss ein Umdenken stattfinden!

Wen kann es treffen? Theoretisch sind alle Menschen gefährdet, die nicht auf die Signale des Körpers achten.

Vorwiegend trifft es einsatzbereite und engagierte Mitarbeiter, Führungskräfte und Selbstständige. Oft werden diese auch von Vorgesetzten geschätzt, von Kollegen bewundert, vielleicht auch beneidet. Solche Menschen sagen auch nie „nein"; deshalb wachsen die Aufgaben, und es stapeln sich die Arbeiten. Dazu kommt oft, dass sich Partner, Freunde und Kinder über zu wenig Zeit und Aufmerksamkeit beklagen. Wie Sie „Nein" sagen erlernen, erfahren Sie später.

Aus eigener Erfahrung kann ich sagen, dass der Weg zum Burnout anfänglich mit kleinsten Hinweisen gepflastert ist, kaum merkbar, unauffällig, vernachlässigbar. Es bedarf einer hohen Achtsamkeit, um diese Signale des Körpers und der realisierenden Umwelt zu erkennen. Kleinigkeiten werden vergessen und vereinbarte Termine werden immer weniger eingehalten. Hobbys und Sport werden – wie bei mir geschehen – erheblich vernachlässigt. Auch mein Körper meldete sich Ende der neunziger Jahre mit leisen Botschaften: Schweißausbrüche, Herzrhythmusstörungen, schwerfällige Atmung und unruhiger Schlaf waren die Symptome, die anfänglich nicht von mir beachtet wurden.

Abschlusswort
Eigentlich ist Burnout- oder Stressprävention für Personaler ganz einfach. Tipps gibt es überall und Zeit dazu auch. Sie, ja Sie, Sie müssen es einfach nur tun. Viel Spaß und Unterhaltung beim nun folgenden Beitrag von Stefan Assian.

Literatur

Buchenau P (2014) Der Anti-Stress-Trainer. Springer, Wiesbaden

2

Personalverantwortung auf allen Ebenen

2.1 Der Personalverantwortliche im Spannungsfeld sachlicher und emotionaler Interessen

Als Personalverantwortlicher stehen Sie heute im Zentrum vieler Lebenswege, auf dem Sie mit unterschiedlichen sachlichen und emotionalen Interessen, Erwartungen und Forderungen konfrontiert werden Abb. 2.1.

Ihr Aufgabenfeld wird sich in Zukunft jedoch noch weiter wandeln, denn es ist jetzt schon abzusehen, dass die künftigen Herausforderungen noch vielfältiger werden. Waren es früher hauptsächlich administrative Tätigkeiten, erweitern sich sowohl Aufgabenfelder wie Kompetenzen heute zunehmend in Richtung von Strategie,

© Springer Fachmedien Wiesbaden GmbH, ein Teil von Springer Nature 2019
S. Assian, *Der Anti-Stress-Trainer für Personalverantwortliche,*
Anti-Stress-Trainer, https://doi.org/10.1007/978-3-658-22599-5_2

Abb. 2.1 Der Personalverantwortliche. (Quelle: 123rf)

Informationsmanagement, aber auch Psychologie und Mediation. Der zügige Wandel hin zum Human Resources Business Partner steht an. Hinzu kommen ein höheres Anspruchsniveau und Erwartungen der Mitarbeiter: Ob Entgeltsystem, flexible Arbeitszeitmodelle, Karriereplanung, Weiterbildungsmöglichkeiten, aber auch ein gutes Arbeitsklima, Gesundheitsförderung, spezielle Anforderungen von Mitarbeitergruppen wie älterer Mitarbeiter, Führungskräfte, Berufseinsteiger u. v. m. – es sind maßgeschneiderte Lösungen für die Belange eines jeden Mitarbeiters gefragt. Außerdem werden in Zukunft die Softfaktoren unabhängig eines angemessenen Gehalts an Bedeutung gewinnen: emotionale

Einbindung, vertrauensvolles Umfeld, Selbstbestimmtheit, Einhaltung ethischer Normen, Nachhaltigkeit und Work-Life-Balance. Die gegenwärtige und künftige Generation erwartet von Führung einen Wertewandel, der nicht nur attraktive Arbeitsplätze schafft, sondern Selbstbestimmung und Partizipation gleichermaßen fordert, dazu eine hohe Sozialkompetenz und die Vereinbarkeit von Beruf und Familie bspw. in Form von ortsunabhängigem Arbeiten. Dies fordert wiederum vom Personalverantwortlichen eine proaktive Herangehensweise – solche Entwicklungen können und dürfen Sie nicht abwarten, sondern müssen Sie einleiten und regulieren.

Selbstverständliche betriebswirtschaftliche Human Resources-Konzepte und neue mitarbeiterzentrierte Ansätze spiegeln die unterschiedlichen Anspruchshaltungen und damit Rollenbilder, die den Personalverantwortlichen in eine Art „Sandwichposition" bringen, wider:

Er soll für Konsens und ein harmonisches Miteinander im Unternehmen sorgen, bei gleichzeitig ausgegebenem Ziel des Zero-Base-Budgeting. Die Interessen der Mitarbeiter und der Organisation sollen zwar durchaus angenähert werden, allerdings nicht unbedingt auf Kosten betriebswirtschaftlicher Kennzahlen. Die Arbeitnehmer sind nun mal (auch) Kostenfaktoren, da basiert die Beziehung zwischen ihnen und dem Unternehmen oftmals weniger auf Identifikation, als auf der Befolgung von klaren Vorgaben. Hemmt dies die Motivation der Belegschaft braucht es tiefgreifende Veränderungen, die mal dem Top-down-Ansatz folgen und dann wieder den augenscheinlich praktikableren Weg über das Bottom-up bzw. in der Zentralisierung oder Dezentralisierung, Personalauf- bzw. -abbau suchen. Egal, ob von oben nach unten, andersrum oder quer durch – der Personalverantwortliche steht immer genau mittendrin. Und damit im Trommelfeuer der Emotionen, die natürlich auch vor seinem eigenen Inneren nicht Halt machen:

Sie stehen als Manager in Sachen Personal für alles im Fokus, ob Sie für eine hohe Motivation und Qualifikation der Mitarbeiter sorgen, die Unternehmensinfrastruktur mit Ihrer administrativen Expertise für effiziente Prozessabläufe fit machen, als Partner der Unternehmensleitung eine strategische Ausrichtung für das Sicherstellen der angestrebten Ergebnisse ausarbeiten. Und nicht zuletzt sollen Sie der Transformation und Veränderung für die richtigen Kapazitäten des jeweiligen Change Management vorstehen. Alles geht über Ihren Schreibtisch. Ihren Rücken, Ihre Emotionen und durchwandert Ihre Seele.

Da in der Regel der emotionale Stress als schmerzhafter empfunden wird als Stress, den das erwartete Arbeitspensum abverlangt, wurde dieser Anti-Stress-Trainer konzipiert. Er bietet praktikable Lösungen für den Alltag all jener Menschen, die täglich mit der Verantwortung für die Mitarbeiter umzugehen haben, um die täglichen Leistungsanforderungen im Äußeren besser bewältigen zu können und gleichzeitig einen Ausgleich in ihrer inneren Welt zu ermöglichen.

2.2 Der Personalverantwortliche und die Dynamik des Unterbewussten

Neben den sachlichen und emotionalen, spielen unterbewusste Faktoren und die sich dadurch entwickelnde Eigendynamik eine oft unterschätzte Rolle. In vielen

Fällen sind uns diese Dynamiken und die daraus resultierenden Konsequenzen nicht bewusst: Ein Mensch betritt den Raum und alles bleibt wie es ist. Ein anderer Mensch gesellt sich dazu und alles wirkt verändert. Dies wird immer unsere subjektive Wahrnehmung betreffen, denn gleich des Schlüssel-Schloss-Prinzips reagieren Menschen auf Menschen immer unterschiedlich. Die Anziehungskraft des einen, stößt einen anderen umso vehementer ab. Und doch gibt es Personen, die auf viele einheitlich souverän und gelassen wirken oder total verunsichert – je nachdem – ohne, dass sie auch nur ein Wort gesprochen haben. Was hat es damit auf sich? Dringt da etwas nach außen, was unser Innerstes ausmacht? Wenn ja: Wie kann das sein? Und vor allem: Wollen wir das? Gerade solche Fragen, die unser Unterbewusstsein und unser Innerstes betreffen, beeinflussen jede Zusammenarbeit, jedes Team. Sie können die Ursache von Mobbing bzw. Dyssynergien, aber auch die wichtige Grundlage des vielbeschworenen Teamspirits und seiner Synergien sein.

Werden die Erwartungen, wie beispielsweise Shareholder Value, die Forderung nach künftiger Produktivitätssteigerung, Vergleich mit dem Wettbewerb, Kostensenkungen nach Interpretation der Verantwortlichen, nicht erfüllt, bleibt eine negative Emotion zurück. Diese Mischung aus Gefühlen und Kopfkino schafft eine bleierne, unterbewusste latente Unzufriedenheit darüber, die selbst gesteckten Ziele verfehlt zu haben. Bewusst oder unbewusst geben Vorgesetzte und Mitarbeiter dies untereinander weiter. Dies ist nur ein Beispiel wie täglich die unterbewusste Dynamik die Lebensenergie der Mitarbeiter und somit deren Leistungsfähigkeit beeinträchtigt. Die

Leistungskurve sinkt entsprechend, wenn Menschen, die zu sinnvollen Zielen beitragen wollen, gebremst oder sogar gehindert werden. Durch fehlende Anerkennung, Mobbing oder Zerstörung von Vertrauen entstehen Gefühle wie Wut, Ängste, Hilflosigkeit. Dies sind allzu menschliche Faktoren, die in der Regel in keinem Controlling erfasst werden, jedoch die Leistungskraft eines jeden Mitarbeiters und eines jeden Teams beeinträchtigen.

Wie viele Milliarden wurden aufgrund dieser negativen unbewussten Dynamiken vernichtet, die sich Führungskräfte und Mitarbeiter – häufig unnötigerweise – selbst bereiten? Auch hier kann dieser Anti-Stress-Trainer (auf fünf Ebenen) helfen, da er die unterbewusste und seelische Ebene berücksichtigt. Der Mitarbeiter als Mensch mit all seiner Lebensenergie, kann auch schwierige Situationen überstehen. Sein Unterbewusstsein schützt ihn. Er spürt intuitiv wie mit ihm umgegangen wird. Steht das Unternehmen in schwierigen Zeiten hinter dem Mitarbeiter, ist auch dieser in der Regel bereit sich für das Unternehmen zu engagieren. Dafür gilt es, die Kompetenzen der Beschäftigten nicht nur zu nutzen, sondern auch die Bedingungen und das Vertrauen zu schaffen, unter denen sie sich gut entfalten können. Dies wiederum bildet die Grundlage eines kooperativen Umgangs miteinander. Es sind die menschlichen Faktoren, wie Zutrauen, Loyalität, gemeinsam schwierige Situationen zu bestehen, emotionale Verbundenheit, ein gutes Arbeitsklima und Wertschätzung, die gerade in Krisenzeiten zu einem Wir-Gefühl und den erhofften Synergien führen.

Der Anti-Stress-Trainer für Personalverantwortliche möchte Sie in die Lage versetzen, genau diese unterbewussten

Dynamiken bei sich und bei anderen zu erkennen und gewonnene Synergien für sich und andere zu nutzen.

2.3 Der Personalverantwortliche und die Notwendigkeit zur Veränderung

Neben den Hard- und Softskills, die ein Personalverantwortlicher mitbringen muss, kommen große gesellschaftliche und organisatorische Herausforderungen auf ihn zu.

Die demografische Entwicklung prophezeit einen Fach- und Führungskräftemangel, der sich durch die Form von Engpässen einzelner technischer Berufsfelder sowie in Gesundheits- und Pflegeberufen auf unser aller Lebensbereiche auswirken wird. Dies bedingt neue Wege im Recruiting und vor allem flexible Herangehensweisen. Gravierende Veränderungen sind aktuell bei allen Unternehmen angekommen. Anpassungsdruck durch Automatisierung, Globalisierung, Internationalisierung und Digitalisierung sind zum Normalfall für Unternehmen und deren Mitarbeitern geworden. Dabei rollt die nächste Welle autonomer, intelligenter Systeme bereits auf die Unternehmen zu. Szenarien millionenfach umzustrukturierender Arbeitsplätze durch die Übernahme der Tätigkeiten durch autonome Systeme und die Künstliche Intelligenz sind zu stemmen. Es ist zu erwarten, dass die „möglichen Segnungen" der Digitalisierung erhebliche Anforderungen an Organisation und Mitarbeiter stellen werden. Ob es sich um die Zusammenarbeit von virtuellen Teams oder mit intelligenten Maschinen handelt oder aber darum die Belegschaft zu höherer Anpassungsfähigkeit, Flexibilität und Stressresistenz zu befähigen.

Dabei wird es auf der anderen Seite Mitarbeiter geben, die im wahrsten Sinne des Wortes „auf der Strecke" bleiben. Dies wird unweigerlich zu sozialen Zündstoff im Unternehmen und der Gesellschaft führen. Die Personalabteilungen und Führungskräfte sind dort gefragt, sozialverträgliche Lösungen für jeden Einfall anzubieten.

Auf der anderen Seite werden neue Berufsbilder, wie Programmierer virtueller Welten, der Cyberspace-Datenschutzbeauftragte, der Industrie 4.0-Koordinator, Webchancenscout, Pflegeexperten mit psychologischem Hintergrund etc. entstehen, die absehbar noch mehr Fachwissen benötigen, um überhaupt die komplexen Anforderungen erfüllen zu können.

Natürlich sind Unternehmen und deren Mitarbeiter alleine durch die Veränderung des Marktes und immer schnelleren Zyklen zu Anpassungen gezwungen. Selbstverständlich müssen Vorgesetzte sogar in quasi hellseherischer-proaktiver Weise auf diese Anforderungen reagieren. Daher widme ich später in diesem Buch mehrere Kapitel dem Thema Wandel. Der Anti-Stress-Trainer soll Ihnen Orientierung im Wandel der Zeit geben. Auch in der Vergangenheit waren die Menschen bereits heftigen Veränderungen unterworfen. Dieses uralte Wissen gilt es für die Moderne.

wiederzuentdecken. Mit möglichst wenig Energie bzw. Stress, ohne sich selbst oder andere zu schädigen, in einer natürlichen Form als Mensch haben Sie die Möglichkeit Ihr eigener Change Manager zu werden.

Dieses Wissen hilft nicht nur dem Einzelnen sich zurechtzufinden, sondern hilft auch Unternehmen und Mitarbeitern den unausweichlichen Wandel zu durchschreiten. Die vielen Prozesse der Veränderung faktisch, fachlich und gesund bestehen zu können, wird zukünftig eine Schüsselqualifikation sein.

Wir bedienen uns dabei 5000 Jahre alter, bewährter Techniken, die sich auch noch in unserer heutigen Zeit als probate Mittel eignen, für jeden einen maßgeschneiderten Anti-Stress-Trainer zu kreieren. Dabei geht es in erster Linie um Ihre Lebensenergie und Ihre Gesunderhaltung und im nächsten Schritt um den Transfer dieses Wissens in praktikabler Form zum Nutzen der Mitarbeiter. Es geht um natürliche Rhythmen und Ihr inneres Gleichgewicht, kurz gesagt: Es geht um Sie und Ihre Verantwortung für sich selbst und andere.

3

Von Grund auf

3.1 Human Resources im Projektmanagement ist nicht genug

Trotz eines Wertewandels in der Art und Weise Unternehmen zu führen und einer allgemein aufgeklärteren Gesellschaft, die den Menschen nicht mehr als bloßes Kapitalmittel ansieht, blieb doch die Produktivität des Mitarbeiters letztendlich im Vordergrund.

Als Human Resources bezeichnet man die Ressourcen eines Unternehmens in Bezug auf das Wissen, die Fähigkeiten und die Motivation der Mitarbeiter.

Anders als finanzielle und physische Ressourcen stehen die Human Resources in direktem Zusammenhang zu den

© Springer Fachmedien Wiesbaden GmbH, ein Teil von Springer Nature 2019
S. Assian, *Der Anti-Stress-Trainer für Personalverantwortliche,*
Anti-Stress-Trainer, https://doi.org/10.1007/978-3-658-22599-5_3

angestellten Arbeitskräften eines Unternehmens. Allerdings sind sie nicht durch die Anzahl der Mitarbeiter definiert, sondern entsprechen lediglich dem Leistungspotenzial, das die Angestellten in ihr Unternehmen einbringen. Dieses Leistungspotenzial setzt sich aus den Fähigkeiten und der intellektuellen Kompetenz über den Zeitraum der Lieferung dieser Leistung zusammen. Organisiert werden die Human Resources durch das Human Resource Management (Softgarden 2015) – also von Ihnen als Personalverantwortlichem.

Die „guten alten" und Ihnen bestens bekannten Definitionen der Human Resource aus dem Projektmanagement hinkt meiner Ansicht nach dieser Entwicklung noch weit hinterher, denn sie reduziert den Mitarbeiter weiterhin zum reinen Arbeitsmittel im Projektplan.

Das ändert sich langsam, aber stetig. Nicht etwa, weil die Unternehmer weniger nach Gewinnoptimierung strebten, sondern weil die Menschen es fordern. Der reine „Mittel zum Zweck"- Mitarbeiter hat ausgedient.

Aber auch in den Köpfen der Mitarbeiter verändern sich Wertigkeiten. Etwas zu erreichen gilt immer noch als erstrebenswert, doch nicht mehr im Maße einer klassischen, jahrelang gelebten Selbstläufer-Karrierekultur. Denn die Perspektive ausschließlich sein Leben der Karriere zu opfern, verliert an Attraktivität je stressiger die Arbeit empfunden wird. Gerade aufgrund der immer unnatürlicheren Arbeitsbedingungen, gestiegener Arbeitsbelastung und die Perspektive wie im Hamsterrad immer mehr leisten zu müssen, lässt viele Mitarbeiter zweifeln oder sogar verzweifeln.

Fehlt die Erfüllung bei ihrer Tätigkeit stellen sich viele Mitarbeiter die Frage inwieweit sie diese Arbeit lebenslang ausführen möchten. Für die meisten Menschen bleibt das

Ziel einer erfüllen Arbeit in schier unerreichbarer Ferne. Doch den Wunsch danach nicht einfach als Illusion abzutun, sondern die kraftvolle Motivation zu erkennen, sollte auf der Prioritätenliste einer jeden Führungskraft ganz oben stehen.

3.2 Von der Ressource Lebensenergie Qi bis zu: Human – der Mensch

Mir persönlich ist die bekannte Definition von Human Resources als das pure Leistungspotenzial der Belegschaft zu eng gefasst.

Der Ressourcenbegriff, der in Zusammenhang mit „Human", also dem Menschen, gerade in unserer technisierten und sich wandelnden Welt seinen Wert für die Unternehmen am besten beschreibt, ist: Lebensenergie, in all ihren Formen.

In China sagt man dazu Qi, die „Urmasse" der grundlegenden Naturkraft, in der alles enthalten ist: Energie, Materie, Zeit. Eine Lebensenergie, die alles durchdringt, ohne die das Leben nicht existieren kann. Das Qi des Kosmos bildet das Universum und ist es zugleich selbst. So ist alles was im Universum existiert: Qi. Der Mensch ist Qi, seine Organe, seine Gefühle und sein Denken, der Himmel über uns, die Erde unter uns, die Sonne, der Mond und natürlich auch das Unternehmen, das von der Lebensenergie der Mitarbeiter lebt. In nahezu allen Kulturen finden wir über die Körperenergie, die den Organismus am Leben erhält, hinaus, die Vorstellung einer alles durchdringenden Kraft, die universell vorhanden ist und alle Lebewesen erhält: die Energie des Geistes,

Abb. 3.1 Human als Mensch — Ressource als Qi. (Quelle: 123rf)

die spirituelle Energie. Jede Kultur grenzt die Energie-begriffe etwas anders voneinander ab oder lässt sie ineinandergreifen. Dies ist abhängig davon, ob der Fokus auf physikalischen, biologischen, medizinischen oder eher religiös-philosophischen Erklärungsmodellen liegt. Dabei verbindet die Gewissheit, dass alles im Universum physikalischen Gesetzen unterliegt. Diese Gewissheit gilt gerade und speziell für die Human Resources (Abb. 3.1).

Auf dieser Basis möchte ich Sie mit meiner eigenen Definition von Human Resources vertraut machen:

Als Human = Mensch sind wir als lebendige Wesen Träger von Lebensenergie, dem Qi. Diese Ressource umfasst alle Aspekte der Arbeits-, Lebens-, Geistes-, Emotions- und Seelenenergie. Darüber hinaus wirkt das Qi innen und außen in jeder Beziehung. Diese Lebensenergien bilden die Voraussetzung jeder Tätigkeit, Entstehung, Entwicklung, Erhaltung und Veränderung eines jeden Menschen, aber auch eines jeden Teams oder Unternehmens: Das Qi des Unternehmens lebt von der Lebensenergie der Mitarbeiter.

Im Extremfall gibt es keine Lebensenergie Qi der Verantwortlichen und der Mitarbeiter mehr und dann hört das Unternehmen auf zu existieren.

Daher sollte die Beachtung und Erhaltung des QI ein essenzielles Unternehmensziel sein.

3.3 Produktivitätssteigerung durch Flow Sinn und Freude bei der Arbeit

Eines ist klar: Die Sinnsuche des Menschen wird immer exzessiver, er sucht dies schon lange nicht mehr nur Im Privaten – und das Management darf dies nicht außer Acht lassen.

Der Glücksforscher Mihály Csíkszentmihályi gilt als Schöpfer der Flow-Theorie (Csíkszentmihályi 2017). Mit "Flow" bezeichnet man in der Psychologie einen Gefühlszustand, der dann eintritt, wenn man "ganz in seinem Tun aufgeht". Idealerweise wird die Tätigkeit in hohem Grade intuitiv, fast unterbewusst ausgeführt und als äußerst befriedigend empfunden.

Natürlich wünschen sich Unternehmen, dass ihre Mitarbeiter produktiv mit ganzen Herzen im Flow arbeiten, aber schaffen sie auch die Voraussetzungen dafür?

Die zentrale Erkenntnis der Untersuchungen Csikszentmihalyis war, dass Menschen sich dann am glücklichsten fühlen, wenn sie einer Tätigkeit nachgehen, bei der ihre Fähigkeiten und die an sie gerichteten Anforderungen ideal harmonieren. Die Voraussetzungen für den Flow sind, dass der Mitarbeiter die Arbeit an der Aufgabe weder als Unterforderung noch als Überforderung empfindet. Es betrifft die Erfahrung sinnvollen Handels, welches als erfüllend empfunden wird. Die Flow-Erfahrung beschreibt das Einklinken in den momentanen Augenblick, in dem das Erlebnis und das Erleben als komplett richtig empfunden werden und man damit eins wird. Dies zentriert die Aufmerksamkeit komplett auf das Tun und den Moment und kann bis zur Selbstvergessenheit führen; die Arbeit wird nicht mehr als Arbeit empfunden, sondern als unmittelbare Freude, die Zufriedenheit vermittelt. Am wichtigsten ist jedoch noch etwas anderes: das tiefe Empfinden der eigenen Selbstwirksamkeit und der Kompetenzüberzeugung, die Kontrolle zu haben. Das Arbeiten gleicht damit eher einer leichten, mühelosen Hingabe ohne Frustrationen und selbst Zeit spielt keine große Rolle mehr (Abb. 3.2).

Csikszentmihalyi charakterisiert die Möglichkeit des Flow an folgenden Voraussetzungen:

- Sie sind der Aktivität gewachsen.
- Sie sind fähig, sich auf Ihr Tun zu konzentrieren.
- Ihre Aktivität verfolgt deutliche Ziele.
- Ihre Aktivität erfährt unmittelbare Rückmeldung.
- Sie haben das Gefühl von Kontrolle über ihre Aktivität.
- Ihre Sorgen um Ihr Selbst verschwinden.

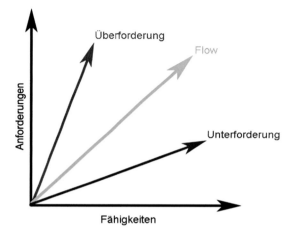

Abb. 3.2   Flow gute Mitte

- Ihr Gefühl für Zeitabläufe ist verändert.
- Die Tätigkeit hat ihre Zielsetzung bei sich selbst (sie ist autotelisch).

Betrachten Sie Ihre persönliche Arbeit und entscheiden Sie selbst inwieweit Ihr Arbeitsumfeld, Ihre Arbeit an sich, Ihre Stellenbeschreibung, Ihr Zeitplan, Ihre Arbeitsabläufe flow-geeignet sind.

Ist das Unternehmen, in dem Sie arbeiten flow-fähig? Sicherlich besteht Nachholbedarf. Überlegen Sie sich, welche Maßnahmen sich anhand der Liste mit einfachen organisatorischen Mitteln umsetzen ließen. Ist das Umfeld in einem Großraumbüro geeignet für Flow? Ist der Druck, unter dem Mitarbeiter arbeiten, flow-konform?

Der Nutzen für Sie persönlich und für Ihre Mitarbeiter und letztendlich für das Unternehmen wäre meiner Ansicht nach enorm.

Im Grunde gebe ich Ihnen eine einfache Formel: Je sinnerfüllter die Tätigkeit und je mehr Freude der Mitarbeiter an seiner Arbeit hat, umso geringer sein Stressempfinden und umso höher seine Produktivität.

Welcher Betrieb fragt seine Mitarbeiter, wie sie ihre Arbeit erfüllender gestalten können? Welche Personalabteilung durchforstet die Stellenschreibungen nach Sinn und Erfüllung für den Mitarbeiter im Rahmen seiner Tätigkeit? Welcher Unternehmer gibt als Unternehmensziel aus: Meine Mitarbeiter sollen Freude bei der Arbeit haben? Hierbei geht es nicht um Incentives oder Betriebsfeiern, sondern darum die alltäglichen Arbeitsprozesse zu bereichern.

Oft sind es die kleinen Dinge, die in vielen Betrieben ohne viele Ressourcen einzurichten wären, um die Voraussetzungen für sinnerfüllte Arbeit zu schaffen. Fragen Sie sich: Welche Tätigkeiten machen mir Spaß und könnten gleichzeitig dem Unternehmen nutzen? Fangen Sie einfach bei sich selbst und Ihrer eigenen Tätigkeit an. Nehmen Sie sich vor, jeden Tag eine Stunde sinnerfüllt zu arbeiten. Betrachten Sie Ihr Stressempfinden in dieser Stunde. Hat sich etwas verändert?

Natürlich kann ein Unternehmen kein Ponyhof sein; dies ist auch den Mitarbeitern bewusst. Die Kunst für den Personalverantwortlichen ist es, die Schnittmenge zwischen Produktivität und Erfüllung zu finden. So können beide Seiten profitieren. Dafür ist es allerdings wichtig zu wissen:

3.4   Wie entsteht Stress?

Dazu ist es wiederum zunächst wichtig sich einmal genauer anzuschauen, warum der eine Mensch auf gewisse Umstände gestresst reagiert, während diese einen anderen komplett kalt lassen, auch in Bezug auf andere Umstände, Anforderungen oder Reize. Wann setzt ein Umweltreiz einen Stressfaktor und bei wem und wann nicht? Es ist kaum „die Arbeit" an sich, die Stress verursacht. Stresserleben, also, ob Stress als solcher wahrgenommen wird, ist immer individuell verschieden. Und gleichzeitig einem gewissen Muster folgend.

Kurz gesagt, sind gewisse Belastungen für einen Menschen aushaltbar und kompensierbar. Problematisch wird es erst, wenn die Belastungen vor allem negativ erlebt werden, dauerhaft auftreten und keine Kompetenzen zu ihrer Bewältigung vorhanden sind. Also wenn die Anforderungen der Umwelt oder auch die selbst gestellten Anforderungen die Fähigkeiten einer Person übersteigen. In diesem Fall werden Ressourcen, wie z. B. weitere Kenntnisse und Fähigkeiten mobilisiert, um die Anforderungen zu bewältigen. Die Anpassungsfähigkeit hängt dann von den Eigenschaften des Menschen bzw. seiner Ressourcen ab, die ihn dazu befähigen, die jeweiligen Anforderungen anzugehen, um negative Konsequenzen zu verhindern. Kognitive Bewertungen der Situation und der vorhandenen Ressourcen spielen ebenfalls eine Rolle sowie Wechselbeziehungen oder Transaktionen zwischen Person und Umwelt.

Es gibt viele verschiedene Stress(präventions)modelle. Das Modell von Bakker und Demerouti bezieht nicht nur mehrere von ihnen ein, sondern bedient sich auch einiger Motivationsmodelle und führt diese beiden Themen zusammen. Es schaut ganzheitlich auf den Menschen, weshalb es zu meiner Sicht- und Lebensweise passt und ich es Ihnen gerne vorstellen möchte (Demerouti et al. 2001).

Zusammengefasst ist das Job-Demands-Resources-Model eine Theorie, die als Basis die Charakterisierung von Arbeitsanforderungen und Ressourcen hat. Sie erweitert dabei andere Stressmodelle, indem nicht nur der Entscheidungsspielraum einer Person den ausschlaggebenden Faktor für die Bewältigung von Arbeitsanforderungen ausmacht, sondern auch andere persönliche oder berufsbezogene Faktoren Einfluss nehmen können. Dabei stehen die jeweiligen spezifischen Charakteristika eines Berufes im Fokus.

Diese werden grundsätzlich in zwei unterschiedlichen Kategorien klassifiziert:

Arbeitsanforderungen (job demands)
Die Arbeitsanforderungen beziehen sich dabei auf physiologische, psychologische, soziale und organisationale Aspekte der Arbeit, die anspruchsvoll bis mühselig sind und bestimmte Qualifikationen erfordern.

Beansprucht die Bewältigung dieser Beanspruchungen eine große Anstrengung ohne adäquate Erholung, kann daraus erheblicher Stress resultieren.

Arbeitsressourcen (job resources)
Die Arbeitsressourcen eines Beschäftigten beziehen sich auf physiologische, psychologische, soziale, organisationale Aspekte der Arbeit, die für die Erreichung von Zielen funktional sind, die die Arbeitsbeanspruchungen und deren

Kosten reduzieren und die die persönliche Entwicklung fördern.

Arbeitsressourcen sind aber nicht nur beim Umgang mit Arbeitsbeanspruchungen erforderlich, sondern sie spielen auch eine zentrale Rolle in Zusammenhang mit motivationalen Prozessen im Rahmen der Arbeit.

Die Reaktionen auf die dem Job innewohnenden eigenen Charakteristika können sowohl gesundheitsbeeinträchtigende, als auch motivationsfördernde Prozesse in Gang setzen.

Motivationsfördernder Prozess

Eine als positiv empfundene Arbeit befriedigt durchaus auch menschliche Grundbedürfnisse, wie zum Beispiel das Bedürfnis nach Sicherheit, Gemeinschaft und Anerkennung. Gibt die Arbeitsumgebung unterstützende Kollegen und gutes Feedback von Vorgesetzten her, erhöht dies die Wahrscheinlichkeit, die Arbeitsziele zu erreichen. Die Ressourcen an sich bergen also ein großes motivationales Potenzial mit Wirkung auf die Bereiche Arbeitsengagement und gute Leistung. Sie spielen eine Rolle sowohl bei der Förderung intrinsischer als auch extrinsischer Motivation, weil sie das innere Wachstum der Beschäftigten fördern und bei der Erreichung von Arbeitszielen mitwirken.

Je nachdem, in welchem Zusammenspiel Arbeitsanforderungen und Arbeitsressourcen stehen, ergibt sich die Ausprägung von Belastung oder Entstehung einer Motivation. Arbeitsressourcen üben insofern eine abschwächende Wirkung auf die Auswirkungen der Arbeitsanforderungen aus und dämpfen dadurch den wahrgenommenen Stresslevel. Sie zu stärken ist also sehr sinnvoll.

Gesundheitsbeeinträchtigender Prozess

Sehr hohe Anforderungsfaktoren brauchen jedoch Strategien, um auch weiterhin Leistung erbringen zu können. Diese erschöpfen sich häufig in der Erhöhung der subjektiven Anstrengung. Je größer diese ist, desto höher der dafür zu zahlende „Preis" – die physiologischen Kosten, wie Verspannungen, Schlafstörungen, diffuse Schmerzzustände – bis hin zum Burnout.

Diesem Umstand kann durch generelle Kompensationstechniken begegnet werden. Da diese jedoch nur bedingt hilfreich sind, weil auch sie vom Entleeren der Energietanks bis zum Zusammenbruch führen können, gilt es für besondere Kompensationsstrategien oder noch besser Präventivmaßnahmen zu sorgen. Die Langzeiteffekte der chronischen Überlastung durch bspw. Überarbeitung führen in die mentale Erschöpfung. Es gilt insofern den Langzeiteffekt umzukehren und für einen starken, mentalen konstitutionellen Aufbau zu sorgen, der einerseits zu den eigenen Kraftquellen führt und sie fließen lässt und andererseits die Verantwortung als Führungskraft für die Mitarbeiter erkennt und praktisch wahrnimmt. Der unterstützende und fördernde Charakter der jeweiligen Arbeitsressourcen spielt dabei eine erhebliche Rolle, ist jedoch nur ein Zweig eines fein verästelten Gewächses an Hilfsmitteln, wie wir sehen werden.

Um Überforderungen abzuhelfen, oder es gar nicht erst so weit kommen zu lassen, helfen Stressbewältigungsstrategien oder besser noch die richtige Stressprävention. Da es jedoch nie nur an „der Arbeit" liegt oder an „der Überlastung" oder an „dem Chef", sondern wie gesagt, die individuelle Komponente eine wichtige Rolle spielt, ist es wichtig diese Faktoren für jeden einzelnen Mitarbeiter zu identifizieren.

3.5 Stress ist messbar

Welche Faktoren Menschen als stressig erleben, hängt in ganz starkem Maße von ihrer Persönlichkeit ab. Vor allem aber ist die innere Ruheaktivität wichtig und sollte im allgemeinen Verständnis von seelischer und körperlicher Gesundheit wesentlich mehr berücksichtigt werden. Und die ist sogar messbar, denn.

Entspannungszustände lassen sich über die Frequenz der Gehirnwellen messen (Rife und Clark 2014). Diese Entspannungstiefen sind die Frequenzen vom Wach- bis zum Schlafzustand. Qualitativ hochwertige Entspannung beginnt ab Alpha (Tab. 3.1).

Je niedriger die Gehirnfrequenz, umso höher die Entspannung. Wenn Sie fast einschlafen, sind Sie auf dem richtigen Weg zur qualitativ hochwertigen Entspannung.

Aber auch umgekehrt reagiert das Gehirn: Wenn Sie ständig unter Druck geraten und in einem andauernd angespannten Zustand agieren, spitzen sich Ihre Gehirnwellen im High-Beta-Bereich zu, die elektrischen Signale

Tab. 3.1 Frequenzband Frequenzbereich (Hz)

Beta	13–40	Anspannung, gespannte Aufmerksamkeit, Ärger, Wut, Angst, Stress, Unruhe
Alpha	8–12	Regenerationsphase, entspannter Wachzustand bei geschlossenen Augen, Entspannung, Meditation, erhöhte Merkfähigkeit, Intuition und Fantasie
Theta	4–7	Traumschlaf (REM-Phase = Rapid Eye Movement)
Delta	1–3	Tiefschlaf Phase, Tiefenentspannung, Schlaf traumlos

übersteuern. Sind Sie normalerweise im Beta-Modus konzentriert, fokussiert und nehmen Außeneindrücke aufmerksam wahr, so darf diese Höchstleistung für Ihr Gehirn kein Dauerzustand sein, denn es verstärkt ansonsten die Stressmuster. Das menschliche Gehirn hat nämlich die wunderbare Fähigkeit, sich nach Gegebenheiten und Gewohnheiten zu formen. Es passt sich dem Verhalten an, bildet neue Synapsen, verändert den Mix der Botenstoffe. Dann werden auf Dauer jene Verschaltungen abgebaut, die nicht benötigt werden – im Falle von Stress betrifft das die Entspannung. Irgendwann ist der Mensch kaum noch bereit, gelassen zu reagieren: Das Gehirn hat die Aufregung gelernt. Die Überlastung tritt ein. Der Blick für das Wesentliche geht verloren und Sie verlernen das gute Gefühl der Ruhe. Sie produzieren immer mehr von jenem Stressstoff Kortisol, der Ihr Leistungslevel oben hält. Sie befeuern jede Zelle mit einem Alarmsignal. Menschen, die lange im schädlichen Stress verharren, verfügen über keine Muster mehr zur Entspannung, weil ihr überaktiver Sympathikus das verhindert. Dieser Ausnahmezustand kann in Körper und Geist langfristig schwere Schäden anrichten. Die Konzentration erschlafft. Die Organe leiden. Nervenzellen im Gehirn sterben ab. Das Immunsystem bricht zusammen.

Dies ist jedoch nur der Fall, wenn Sie im wahrsten Sinne verlernt haben zur Ruhe bzw. in dem Alpha Zustand zu gelangen. Daher spielt die Kenntnis, wie sich auch in hektischen, stressigen Situationen in einen Alphazustand versetzen können zu den wertvollsten Fertigkeiten.

3.6   Vom Qi-Burnout zum Qi-Burnin

Die Welt der Technik und des Fortschritts dient dem Expansionsdrang des Menschen, der Orientierung oder dem Aufbau der Lebensenergie dient sie nicht. Die Lebensenergie wird eher zerstreut, statt bewahrt. Deshalb gilt es unsere Lebensenergie anderweitig zu erhalten und zu stabilisieren.

Aber: Lässt sich die „Lebensenergie" überhaupt unter physikalische Gesetzmäßigkeiten subsumieren oder braucht es da nicht ganz andere Herangehensweisen? Sicher ist: Wer den Kontakt zu sich selbst verliert, dessen Leben wird beengt und im wahrsten Sinne des Wortes beunruhigt. Im Extremfall kommt es zum Burnout.

Obwohl Burnout gefühlt in allem Munde und neben „dem Rücken" zur Volkskrankheit avanciert ist, ist das Krankheitsbild interessanterweise in der klassifizierenden Systematik der Krankheiten noch nicht angekommen. Mithilfe des Diagnoseschlüssels ICD-10 codieren Ärzte, Psychologen und Zahnärzte die Diagnosen ihrer Patienten, um Krankheiten einheitlich definieren zu können. Es wird unter der Ziffer „Personen, die das Gesundheitswesen aus sonstigen Gründen in Anspruch nehmen" (Z70-Z76) unter Z73 geführt: Probleme mit Bezug auf Schwierigkeiten bei der Lebensbewältigung, Inkl.: Akzentuierung von Persönlichkeitszügen, Ausgebranntsein [Burnout].

Ich mag Versachlichung. Emotional aufgeheizte Diskurse bringen selten etwas. Doch an dieser Stelle sehe ich eher eine Negierung oder eine Verharmlosung eines unserer dringlichsten Probleme und Herausforderungen der nächsten Jahrzehnte. Das Krankheitsbild des Burnouts braucht eine verdichteter Aufmerksamkeit, als hin und wieder mal eine Nachricht über die neuesten Kennzahlen, die die Volkswirtschaft entsprechend beeinflussen. Nehmen Sie meinen Appell auf und werden Sie Teil dieser Strategie mithilfe der in diesem Buch angebotenen Maßnahmen – in Bezug auf sich selbst und/oder Ihrer Mitarbeiter – und es ist schon viel gewonnen.

Ich persönlich sehe im QI-Burnout den Endpunkt eines langen Prozesses der Zerstörung von Qi-Lebensenergie eines Mitarbeiters, als Folge von extensivem, emotionalen und physischen Ungleichgewichts seiner empfundenen Arbeitsbelastung. Hohe Anforderungsfaktoren brauchen Strategien, um auch weiterhin Leistung erbringen zu können. Diese erschöpfen sich häufig in der Erhöhung der subjektiven Anstrengung. Je größer diese ist, desto höher der dafür zu zahlende „Preis" – die physiologischen Kosten.

Die Langzeiteffekte der chronischen Überlastung des Qi führen in die mentale Erschöpfung. Dabei kommt der stressende, auszehrende oder beklemmende Impuls zwar von außen, also den Faktoren des betrieblichen Umfeldes – doch ist die individuelle Perspektive der Wahrnehmung und Bewältigung von chronischem Stress immer auch intrinsisch angelegt und wird vom Betroffenen in selbstschädigender Weise umgesetzt. Es gilt insofern den Langzeiteffekt umzukehren und für einen starken mentalen konstitutionellen Aufbau zu sorgen, der einerseits zu den eigenen Kraftquellen führt und sie fließen lässt und andererseits die Verantwortung als Führungskraft für die Mitarbeiter erkennt und praktisch wahrnimmt. Diesem Umstand geschuldet, kann deshalb dem Stress nicht nur durch generelle

Kompensationstechniken, etwa dem eines implementierten allgemeinen Gesundheitsmanagements, begegnet werden. Solche Maßnahmen werden immer nur bedingt hilfreich sind, je nachdem wie die jeweilige Person die Angebote wahrnimmt und umsetzt. Um aus dem drohenden Qi-Burnout einen Qi-Burnin zu machen, also das persönliche Qi zu bewahren und zu nähren, braucht es im Gegensatz dazu viel Eigenverantwortung. Ein von außen gesetztes Gesundheitsmanagement vermag sicher einen Baustein zu bilden. Jeder Einzelne spürt seinen Stress über seine eigenen Antennen.

3.7 Stressabbau mit allen Sinnen

Jeder Mensch ist einzigartig. Daher ist auch der Weg hin zur persönlichen Entspannung immer ein persönlicher Weg. So verfügen zwar alle gesunden Menschen über fünf Sinne, aber jeder hat einen oder zwei bevorzugte Sinneskanäle. Wenn Sie wissen, welche Kanäle dies bei Ihnen sind, können Sie besser berücksichtigen, unter welchen Umständen Sie sich am besten in einen Zustand der Entspannung versetzen können. Die vorherige Einschätzung auf welchen Sinneskanälen Sie besonders empfänglich sind, hilft Ihnen Ihren persönlichen Kanal zu Entspannung besser zu finden. Aufgrund der Präferenz können Sie von in den weiteren Kapiteln folgenden Tipps und Übungen besser profitieren.

- Kinästhetisch – spüren
  Viele Menschen sind auf der körperlichen Ebene ansprechbar. Sie müssen die Entspannung definitiv

spüren. Ganz bewusste körperliche An- und Entspannung können helfen.

- Visuell – sehen
  Haben Sie eine gute Vorstellungskraft und sprechen Sie auf visuelle Reize sehr gut an, dann fällt es Ihnen sicher leicht, sich an eine schöne Urlaubsszene zu erinnern oder ein anderes Bild hochzuholen, mit welchem Sie Entspannung verknüpfen und diese wieder nachempfinden.
- Auditiv – hören
  Ist für Sie das Hören besonders wichtig, legen Sie eine entsprechende CD ein und tauchen Sie einen in Meeresrauschen, Walmusik oder andere natürliche Klänge ein.
- Olfaktorisch – riechen
  Düfte spielen für die Entspannung der entsprechend geöffneten Kanäle eine große Rolle, da sie direkt von den Rezeptoren der Nase aufgenommen werden und eine sofortige Wirkung erzielen können.
- Gustatorisch – schmecken
  Manchmal kann es schon genügen sich entspannt einem guten Essen hinzugeben und es mit jedem Bissen zu genießen, um den Stresslevel zu reduzieren.

Stellen Sie sich die Anteile in einem Kuchendiagramm vor. Zeichnen Sie einen Kreis und beurteilen Sie für sich selbst, wie Ihre Verteilung ihrer Sinneskanäle aussieht. Eine Vorlage finden Sie kostenlos auf www.seminare-wuerzburg.de.

Es ist sinnvoll für Sie, zu erkennen auf welchen Kanal Sie auf Empfang stehen, damit Sie alle Übungen zu Thema Entspannung darauf abstimmen können.

3.8   Die großen Drei

Es gibt einen Punkt, an dem die Wende weg vom Stress möglich ist. Sie erkennen Ihr Muster: Betäubung durch Arbeit. Sie gestehen sich vielleicht sogar ein, Sie sind ein Workaholic. Aber mit dem Wissen der eigenen Situation ist es nicht getan; was nun folgen muss, ist die Überführung dieser Erkenntnis in eine Verhaltensänderung. Hierbei helfen: „Die großen Drei" (Abb. 3.3).

Abb. 3.3   Die großen Drei. (Quelle: 123rf)

3.8.1 Unwissenheit – Wissen: Was muss ich unbedingt verändern?

Hier geht es um das Wissen und die Handlungskompetenz, um eine Veränderung zu erkennen und das Knowhow, wie eine Veränderung herbeigeführt werden kann. Nicht immer liegt direkt auf der Hand, welche eigenen oder fremden Verhaltensmuster oder Umgebungen oder Kontakte die stressauslösenden Faktoren sind. Doch braucht es diesen Schritt, aus der Unwissenheit bewusst zu der Erkenntnis zu gelangen. Auch wenn dies manchmal schmerzt und man dies vielleicht nicht wahrhaben will.

Um dahin zu kommen, hilft die Beantwortung bestimmter zielführender Fragen, wie zum Beispiel:

- Was treibt mich an so viel zu arbeiten?
- Was veranlasst mich, mich selbst zu schädigen?
- Sind es innere Überzeugungen beispielsweise "Ich muss der/die Beste sein?
- Welche und wie laufen meine Muster ab?

Dann fragen Sie sich innerlich: Was ist die gute Absicht meines Musters, meines Tuns? Das könnten zum Beispiel Motivationen sein, wie: Ich möchte mich wieder spüren. Ich sehne mich nach Anerkennung. Ich möchte stolz auf die eigene Leistung sein. Das ist verständlich! Aber können Sie diese Anerkennung und den Stolz auf sich selbst wirklich nur spüren, indem Sie destruktiv handeln? Ist dies nicht auch auf liebevolle Weise Ihnen selbst gegenüber zu erreichen? Manchmal steht zwischen der Beantwortung dieser Frage zunächst einmal ein weiterer wichtiger Schritt, der zu erkennen, was so fest anhaftet, dass es Ihre Eigenliebe bindet oder fernhält und dieses dann loszulassen.

3.8.2 Anhaften – Loslassen Was muss ich dafür loslassen, um meine Situation zu verändern?

Seien Sie Ihre eigene Outplacement Agentur!

Das Loslassen ist keineswegs immer ein mentaler Prozess, nein, es handelt sich sehr häufig um rein faktisches Handeln. Dabei geht es darum, ganz real Abschied zu nehmen von (lieb gewordenen) Gewohnheiten, die nicht guttun: Sie wollen das schädigende Rauchen aufgeben – schmeißen Sie alle Schachteln weg, sofort. Sie arbeiten zu viel und merken, es kommt einer Selbstzerstörung gleich? Trennen Sie sich von der inneren Haltung ein immerwährender Leistungsträger sein zu müssen und treten Sie kürzer. So einfach ist das nicht? Nun, es mag nicht leicht sein, aber ganz genau so einfach ist es. Ohne die Radikallösung bleibt es bei halbherzigen Kompromissen und reinen Absichtserklärungen, die Sie immer weiter von der Gesundung abhalten. Nehmen Sie Abschied, misten Sie aus, trennen Sie sich von dem was Ihnen ungesund anhaftet, nur so gelingt der Befreiungsprozess.

Der mentale Weg ist ähnlich. Leid ist das, was entsteht, wenn aus einem zunächst meistens unpersönlich entstandenen Gefühl eine persönliche Geschichte wird oder wir sie dazu machen. Dies geschieht, indem wir über das in uns ausgelöste Problem ständig nachdenken und wir damit unsere erlernten tief verwurzelten Konzepte verbinden und sie Teil unserer emotionalen Muster werden: Zorn, Wut,

Angst, Verzweiflung, Trauer usw. Im Grunde genommen ist es die Aufgabe dieser Gefühle, uns bei der Bewältigung genau dieser Probleme zu helfen, und uns in Zukunft unbewusst vor Schaden zu bewahren. Da wir diese Konzepte nun in unser Selbst integriert haben, gehören sie zu uns. Darüber denken wir immer weiter nach, weil wir glauben, durch Nachdenken und Analyse die Kontrolle über die Ursache des unangenehmen Gefühls gewinnen zu können. In der Realität gelingt dies jedoch kaum. Ganz im Gegenteil, wird das Nachdenken zum Grübeln und das Grübeln intensiviert das Gefühl immer mehr. Die negativen Gedanken werden zu negativen Gefühlen und führen unterbewusst ein Eigenleben; dadurch wird das eigentliche Problem als noch dramatischer empfunden.

Um was es jedoch geht, ist die Akzeptanz. Die Akzeptanz unserer Reaktionen auf die uns beeinflussenden Reize. Natürlich ist Trauerarbeit wichtig, schützen uns Ängste und befreit uns Wut. Nach der Verarbeitung mithilfe unsere Gefühle, dürfen wir unsere Gedanken jedoch wieder loslassen. Es beginnt mit den positiven Gedanken und dem Gefühl der Hoffnung.

Es geht darum, den inneren Widerstand aufzugeben, der uns daran hindert Frieden zu finden.

3.8.3 Widerstand – Empathie Wie kann ich den Widerstand gegen Aufgaben, Andere und mich selbst durch Empathie überwinden?

Hier bewegen wir uns in einem sehr menschlichen „Ja-aber"-Muster. Dies ist genau der Widerstand, an dem es zu arbeiten gilt. Ich kenne meine Stressauslöser: Ja, ich arbeite zu viel, aber ich brauche nun mal das Geld für besondere Anschaffungen. Ja, ich sage fast nie nein, wenn mich jemand um einen Gefallen bittet, aber wenn ich dies täte, riskierte ich vielleicht, nicht mehr so beliebt zu sein ….

Wenn Sie ernsthaft versuchen zu identifizieren, worauf es in Ihrem Leben ankommt, tauchen auf einmal ganz neue Werte auf; dann beginnen Sie in größeren Begriffen als Heute und Morgen zu denken. Jeder von uns wird immer wieder in Situationen kommen, die uns anstrengen, nerven, ja verletzen. Doch wenn wir aufhören, diese Bewertungen zum dominanten Thema zu machen und stattdessen versuchen, auch einer noch so ungünstigen Situation noch etwas Liebenswertes abzugewinnen, wird sich dies als Gewinn für uns selbst herausstellen.

Ein Kollege hat sich sehr negativ über Sie geäußert. Das macht Sie wütend. So sehr, dass es Sie daran hindert, noch einen klaren Gedanken zu fassen. So sehr, dass Sie Ihre Arbeit in der Folge tatsächlich nicht mehr so gut erledigen, weil Sie sich ständig damit aufhalten, sich über den Kollegen zu ärgern. Ja, Sie können seine Äußerungen nicht ungeschehen machen, aber sollen Sie dies nun einfach so hinnehmen? Nein, denn: Geht es nun darum, dem Kollegen zu vergeben? Nein, in erster Linie geht es darum, die eigene Wut loszulassen: Das macht die Ungerechtigkeit nicht ungeschehen, aber den Widerstand aufzugeben und sich selbst emotional zu entlasten, öffnet Ihre Sinne für positive Gedanken und Gefühle.

Dies wiederum wird Ihnen den Weg zeigen, wie Sie mit Ihrem Kollegen trotz allem fair umgehen können. Ebenfalls hintenrum vorgehen kann nicht in Ihrem Interesse liegen. Eine Lösung kann ein offenes und kollegiales Gespräch sein, um den Konflikt zu bereinigen.

Es geht hauptsächlich um Sie – nicht um das Verhalten Ihres Kollegen. Es geht darum, innerlich zu einer Balance zu finden, die sich in einem ausgeglichenen Alltag widerspiegelt.

Bei dieser Technik der „Großen Drei", die viel mit Fragen zur Selbstreflexion arbeitet, ist es immer wieder erstaunlich, wie einen die eigenen Antworten überraschen und gleichzeitig wertvolle Ansätze liefern können, an sich zu arbeiten. Das „Wissen" wird uns dabei auf der gleich folgenden „Diagnoseebene" (Abschn. 4.2) beschäftigen und das „Loslassen" und die „Liebe" auf der „Therapieebene" (Abschn. 4.3).

Ich bitte Sie die folgenden Kapitel als Anregung zu verstehen, sich selbst zu suchen, Ihre Möglichkeiten und Ansätze über sich selbst hinaus zu hinterfragen und zu interpretieren. Fragen an Sie selbst, basierend auf den „Großen Drei", deren Beantwortung auch nur Sie selbst vornehmen können, helfen dabei, in Bezug zu der jeweiligen Ebene zu kommen, die bei Ihnen besonders belastet ist. Dies mag sich vorrangig meistens auf der körperlichen Ebene spiegeln, doch muss dies nicht immer bedeuten, dass dem auch wirklich so ist. Denn hinter der ersten menschlichen Ebene des Körpers verbergen sich noch vier weitere.

Literatur

Csíkszentmihályi M (2017) Flow. Das Geheimnis des Glücks, 3. Aufl. Klett-Cotta, Stuttgart

Demerouti E, Bakker A, Nachreiner F, Schaufeli W (2001) The Job Demands-Resources Modell of Burnout. J Appl Psychol 86:499–512

Rife RR, Clark H (10. März 2014) Frequenz-Therapie. Jim Humble, Roermond

Softgarden (08.07.2015) Human Ressources(HR)- Definition, Aufgaben.https://www.softgarden.de/ressourcen/glossar/human-resources-hr/

4

Das Fünf-Ebenen-Modell

Die Verantwortung für unser Leben obliegt uns selbst und ist in viele Teilbereiche gegliedert: Familie, Arbeit, Ernährung, Gesundheit, Umwelt, Informationsflut und ihre Verarbeitung und so weiter. Häufig nehmen die unserem Geist von außen zugeführten negativen Gedanken (z. B. durch Nachrichten) und deren Langzeitwirkung mehr Raum ein, als die Suche nach Harmonie mit uns selbst. Der Respekt vor dem natürlichen Gleichgewicht und für die natürlichen Rhythmen sind jedoch fundamentale Leitgrößen.

Nichts von dem, was ich Ihnen nun sagen werde gleicht einer Doktrin. Alles ist machbar, aber nichts eine Verpflichtung. Zu innerem Frieden findet nur der, der ihn auch wirklich sucht. Wo er dies tut, ist sehr individuell und gleichzeitig komplett unterschiedlich. Mit diesem

© Springer Fachmedien Wiesbaden GmbH, ein Teil von Springer Nature 2019
S. Assian, *Der Anti-Stress-Trainer für Personalverantwortliche,*
Anti-Stress-Trainer, https://doi.org/10.1007/978-3-658-22599-5_4

Buch möchte ich einen bestimmten Weg mit Ihnen gehen, aber wie weit ich vorangehe und Sie mich nur dabei beobachten, oder ab wann oder ob Sie mir wirklich folgen, entscheiden ganz alleine Sie. Letztlich ist es Ihr Weg und Ihr Ziel. Ich kann nur Hinweisschilder und bewährte Techniken zur Selbsthilfe anbieten, werde dies aber so authentisch wie möglich tun.

Diese Hinweisschilder deuten auf ganzheitliche Heilsysteme, die ihren Schwerpunkt auf die inneren Zusammenhänge des Menschen mit der ihn umgebenden Umwelt legen. Körper und Geist sind danach mit der Natur untrennbar verbunden und der Mensch Teil der Natur! Dabei geht es nicht vorrangig um die Linderung der Symptome, sondern zunächst um die Ursachenfindung eines bestehenden Ungleichgewichtes. Erst dann kann Heilung geschehen. Der Heilungsprozess kann nicht nur darin bestehen eine Schmerztablette zu nehmen. Nach dem Motto: „Nimm eine Tablette gegen Stress und die daraus resultierenden Kopfschmerzen und dann geht's dir schon wieder gut." Dies ist zwar die Abkürzung und der Kopfschmerz und der Stress lassen vorübergehend nach, aber die Ursache Ihrer Kopfschmerzen und Ihres Stressempfindens besteht weiterhin. Daher hat der Mensch eine Eigenverantwortung seine Einstellung und seinen Rahmen zu ändern, dass Heilung wieder geschehen kann. Sie werden nicht auf die Rolle des stillen Beobachters beschränkt, der sich dem Arzt komplett „ausliefern" muss, sondern Ihnen wird die Gelegenheit geboten, von der Diagnose bis zur Therapie den Heilungsprozess aktiv zu gestalten. Das 5-Ebenen-Modell kann beides: Akuthilfe und Lebenshilfe leisten.

Zum einen können Sie sich Ihrem Innersten Schritt für Schritt auf den fünf Ebenen nähern, um Ihre eigenen Stressmuster zu erkennen und langfristig tatsächlich „auszuschalten". Zum anderen Ihre Einstellung und den Rahmen Ihres Denkens und Handelns ändern, um Ihre Umwelt von jeder Ebene mit etwas anderen Augen wahrzunehmen und für sich Ihren persönlichen Trainingsplan hin zur mehr Ruhe und Gelassenheit zu erschaffen.

4.1   Grundsätzliches zum Fünf-Ebenen-Modell

Das Fünf-Ebenen-Modell hilft zu gesunden und zu verstehen, auf welchen Ebenen Blockaden und Chancen liegen. Es basiert auf uralten Überlieferungen der Yogalehre zu den Koshas, den Hüllen des Seins, aus denen Dr. Klinghardt seine Essenz zog und therapeutische Ansätze für seine Patienten entwickelte (Klinghardt 2015): Die fünf Ebenen beinhalten per se Anteile der klassischen Schulmedizin und uralter, überlieferter Heilweise, die sich als Erfahrungswissen über Jahrtausende entwickelt haben. Es kann vor allem bei psychosomatischen Krankheiten und in der Schmerztherapie eingesetzt werden, aber auch in der Persönlichkeitsentwicklung über die bekannten kognitiven Ansätze hinaus praktisch hilfreich sein (Abb. 4.1).

Wie die fünf Ebenen des Seins auf uns wirken, hat sich auf der Grundlage der Fünf-Körper-Theorie entwickelt. Das Modell erklärt, dass der Mensch in mehreren Daseinsebenen

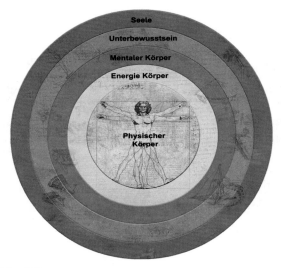

Abb. 4.1   5 Ebenen

oder Dimensionen existiert. Indem er Erfahrungen auf jeder Ebene über sich selbst sammelt, kann er sich auf einen Prozess zur Gesunderhaltung und des Wohlbefindens einlassen.

Das Fünf-Ebenen-Modell betrachtet immer den ganzen Menschen, unabhängig vom aktuellen Konflikt und nicht nur unseren physischen Körper, sondern auch die nicht sichtbaren „Körper" unseres Daseins, die sich gegenseitig ergänzen und beeinflussen. Wir begegnen hier nicht nur dem Ansatz, sondern der tiefen Überzeugung, dass der Mensch ein multidimensionales Wesen ist. Wir sind nicht nur Körper, sondern bestehen aus vielen verschiedenen dimensionalen Ebenen.

Die einzelnen Ebenen stellen sich innerhalb einer Hierarchie dar. Sie stehen dabei aber untereinander in Beziehung, das heißt, sie bedingen einander und sind miteinander verflochten und strukturieren sich gegenseitig. Jede Ebene beeinflusst die anderen Ebenen, weshalb ein krankmachender Einfluss über verschiedene Mechanismen seinen Weg in den physischen Körper finden und dort Beschwerden verursachen kann. Ohne die Dominanz einer Ebene wirken sie zusammen als unteilbares System voneinander abhängiger Bestandteile. Befindet sich eine Ebene im Ungleichgewicht, ist es deshalb wichtig sie wieder in die Balance zu bringen. Dabei ist es grundsätzlich besser mehrere oder alle Ebenen zu berücksichtigen, als nur eine Ebene zu betrachten, da der Fokus häufig zu stark eingeschränkt ist und deshalb die wahren Ursachen im Dunkeln bleiben. Das Wissen über ein Ungleichgewicht auf der jeweiligen Ebene ist gleichzeitig die Diagnose. Jede höhere Ebene hat dabei einen organisierenden Einfluss auf die unteren Ebenen. Die unteren Ebenen versorgen die höheren Ebenen mit Energie und schaffen Rahmen und Grenzen – für ein stressfreieres, ja erfülltes Leben.

In Kap. 7 (Raumanzug) werde ich Ihnen Wege aufzeigen, mit denen Sie sofort in der Lage sind für Ihr Wohlergehen auf der jeweiligen Ebene zu sorgen. Doch insgesamt sollte der Ausgleich der Ebenen als gesundheitsbringender Prozess verstanden werden und ist damit im wahrsten Sinne des Wortes eine Lebensaufgabe, weil er das Leben stärkt und ein Leben lang besteht. Ein Leben lang für das Leben! Jede Ebene braucht dabei jedoch unterschiedliche Formen der Behandlung.

Jeder kann sofort auf jeder Ebene beginnen seine innere Waage ins Gleichgewicht zu bringen. Der Weg der Mitte ist das erstrebenswerte Ziel. Jede der einzelnen Ebenen wirkt dabei wie eine Waage. Wie Yin und Yang können Sie

- auf physischer Ebene Anspannung durch Entspannung ausgleichen,
- auf energetischer Ebene negative durch positive Energien umwandeln,
- auf mentaler Ebene hindernde Gedanken durch fördernde ersetzen,
- auf unterbewusster Ebene negative Gefühlen mit Freude erfüllen,
- auf seelischer Ebene Widerstand mit Liebe ausgleichen.

Sind Yin und Yang in der Mitte im Einklang, ist die Ebene ausgeglichen. Das Qi durchdringt alle Ebenen. Je höher die Ebene, desto mächtiger und feinstofflicher das Qi.

Dabei geht es nie um eine medizinisch wissenschaftliche Verifizierbarkeit, sondern eine Art der „Selbsterfahrung", zu der ich Sie ermutigen möchte. Wenn dies dazu führt, dass sich Ihre Vernunft hin und wieder in intuitivem Empfinden mit einem persönlichen, wahrhaftigen Spüren und Erfahren verbindet, wissen Sie, dass Sie auf dem richtigen Weg beim praktischen Erleben mit dem Anti-Stress-Trainer sind.

Qi als Lebensenergie ist dabei kein Prinzip, sondern ein Phänomen. Jedoch verfügt es über grundsätzliche Muster, also paradigmatische Eigenschaften, die als universelle Energie das ganze Universum am Leben erhält und durchdringt. Es geht nicht darum das Qi zu beweisen, die Gültigkeit seiner Existenz zu diskutieren oder an etwas zu glauben, sondern die Energie zu erkennen – in uns selbst. Das Qi als Lebenskraft zu mobilisieren, ist auf allen Ebenen möglich, da alle Ebenen vom Qi durchdrungen sind.

Wenn Sie das Fünf-Ebenen-Modell als ganzheitlichen Ansatz verinnerlichen, haben Sie ein stark präventiv wirkendes „Tool" in der Hand, um zukünftig dem Stress entgegenzuwirken und ihn für sich handhabbar zu machen.

Aber zunächst möchte ich Sie bitten, das Fünf-Ebenen-Modell für Ihre Eigendiagnose zu nutzen. Mit seiner Hilfe können Sie auf jeder Ebene anhand Ihrer persönlichen Stellenbeschreibung Ihres persönlichen Stresslevels bestimmen.

4.2 Diagnose Der Personalverantwortliche und die Stellenbeschreibung auf Basis des Fünf-Ebenen-Modells

Im folgenden Kapitel werden Sie die fünf Ebenen mit praktischem Bezug zum dargestellten mehrdimensionalen Ist-Zustand kennenlernen. Man könnte es auch eine Stellenbeschreibung der etwas anderen Art nennen, aufgrund derer Sie Ihre spezifischen Stressursachen einfacher erkennen können.

Diese Selbstreflexion erhebt nicht den Anspruch einer medizinischen Diagnose. Auf der anderen Seite: Wer könnte sein eigenes Stressprofil besser erstellen als Sie selbst?

Nach dem Motto „Ohne Diagnose keine Behandlung", möchte ich Sie einladen Ihr Problem „Stress" in Ihrem ureigensten Interesse genauer zu betrachten. Einige Ebenen werden Sie sofort einordnen und für sich selbst „diagnostizieren" können, andere sind Ihnen in der Form noch gar nicht gewusst aufgefallen. Der Sinn besteht darin, für Sie eine Bestandsaufnahme erstellen und Sie für Ihr persönliches Stressprofil zu sensibilisieren.

Natürlich gibt es Situationen, in denen Sie besonderen Stressspitzen ausgesetzt sind. In dieser Selbstreflexion geht es um einen Gesamteindruck, eine ganzheitliche Betrachtung, wie Sie Ihr persönliches Stresslevel in Ihren Berufsalltag auf der jeweiligen Ebene empfinden. Da Sie sich als Mensch mit allen Facetten am besten kennen, können auch Sie selbst am besten erkennen, auf welcher Ebene sich Ihre persönlichen Stressursachen befinden. Außerdem können Sie durch die Bewertung von 1–10 bestimmen, auf welcher Ebene Sie die Ursachen Ihres persönlichen Stresses am ausgeprägtesten wahrnehmen. Wenn es Ihnen hilft, belassen Sie es nicht nur bei einer Bezifferung, sondern versuchen Sie Ihr jeweiliges Stressgefühl zu benennen. Finden Sie ein Wort oder einen Satz dafür.

Es wird Ihnen später bei der „Therapie" leichter fallen, wenn Sie Ihr persönliches Stressproblem für sich manifestiert haben.

Erste Ebene: Der physische Körper

Haut, Knochen Muskeln, Organe, Nervenbahnen und Sinnesorgane bilden unseren physischen Körper. Die erste Ebene bildet die stoffliche Grundlage, auf der alles andere beruht. Auch Schmerzen manifestieren sich auf somatischer Ebene. Aber die physische Ebene beschreibt nicht nur unseren Körper, sondern auch die Realität in der wir uns bewegen. Eine Besonderheit der physischen Ebene besteht darin, dass sich jede seelische Einstellung, jedes unterbewusste Gefühl, jeder Gedanke und jede Energie in positiver wie in negativer Weise unweigerlich auf physischer Ebene auswirkt. Alle Aktionen, alle Handlungen, all unser Verhalten manifestieren wir letztendlich auf der physischen Ebene.

Die Unternehmensebene

Im Büroalltag bedingen physische Komponenten häufig die Grundlagen einer funktionellen Arbeitswelt. Es sind die täglichen Aufgaben und Realitäten mit denen Sie täglich konfrontiert werden. Dazu gehören Arbeitsbedingungen, die physischen Ressourcen, die Ihnen zur Verfügung stehen. Das Arbeitspensum, das Sie in einer bestimmten Zeit abzuleisten haben, sowie Ihre Konstitution und persönliche, körperliche Fitness, um die Arbeitsbelastung leisten zu können.

Die Ebene des Personalverantwortlichen: Der Arbeiter in Sachen Personal

Den „physischen Körper" Ihrer persönlichen täglichen Arbeit machen die Personalrekrutierung, -entwicklung, -beurteilung, Entgeltgestaltung etc. aus. Der Personalverantwortliche als

Einkäufer der Ressource Arbeit, von Einstellungen über dem Fördern organisationaler Lernprozesse bis zu Entlassungen, den Umsetzungen arbeitsrechtlicher Maßnahmen, Projektrealisationen unter den Prämissen: Zeit, Leistung, Kosten. Dazu kommen Aufgabenfelder wie das Controlling und die Pressearbeit. Sicherlich fallen Ihnen noch weitere Punkte ein, die zu Ihren täglichen physischen Aufgabenbereichen gehören. Hierbei gibt es Tätigkeiten, wie Verhandeln, Formulieren, Besprechen, Dokumentieren etc. die Ihnen schwerfallen, andere, die Ihnen leicht von der Hand gehen.

Unwissenheit – Wissen

- Wo schädigen Sie sich oder Andere Ihren Körper?
- Fühlen Sie Schmerzen wie Kopfschmerzen, Magenschmerzen etc., die Sie auf Ihre Arbeit zurückführen können?
- Fühlen Sie sich der täglichen Arbeit körperlich gewachsen?
- Führt Ihr physisches Arbeitspensum zu physischen Stress?
- Ist Ihre Arbeitsumgebung angenehm?
- Welche Dinge überfordern Sie und wie könnten Sie das ändern?
- Wissen Sie, wie Sie körperlich tiefenentspannen können?

Bewerten Sie nun Ihr persönliches physisches Stresslevel in diesem Bereich auf folgender Skala:

gut   **schlecht**

1   2   3   4   5   6   7   8   9   10

Überlegen Sie für sich persönlich möglichst knapp in einem Wort oder Satz: Was ist die Hauptursache für Ihren physischen Stress? z. B. Ihre persönlichen Störungen am Arbeitsplatz, Ihrer Arbeitsabläufe, Ihr Termindruck etc.

Zweite Ebene: Das Energiefeld

Tagtäglich gehen wir mit dem Wort „Energie" ganz selbstverständlich um. Wir sind „voller Energie", „energiegeladen" oder monieren, ganz im Gegenteil, „leere Batterien". Wenn wir uns mit schönen Dingen beschäftigen, laden wir „unsere Batterie" positiv auf. Tun wir weniger angenehme oder stressige Dinge, wird die Batterie entladen. Dabei sind wir selbst keine Maschinen, sondern beschreiben damit ganz natürlich unseren körperlichen Zustand. Wenn ihnen jemand Ihre „Energie raubt" oder Sie das Gefühl haben, Sie verschwendeten sie an eine andere Person oder Situation, dann „kostet es zu viel Energie".

Energie ist unsichtbar, aber physikalisch messbar. Alle Lebewesen brauchen Energie. Sie befähigt uns zur Ausführung bestimmter Handlungsabläufe. Sie hält uns am Leben. Wir Menschen gewinnen sie durch Nahrungs- und Flüssigkeitsaufnahme, aber auch aus der uns umgebenden Natur. Wasser, Sonne, Sauerstoff. Sie ist speicher- und abrufbar – beispielsweise, wenn der Körper in Notzeiten die Fettreserven anzapft. Fehlt uns Energie, gehen wir in die Knie: Sport zu treiben fällt schwer und das Arbeiten ebenfalls, denn ist der Körper unterversorgt, schwächelt auch der „Geist". Und umgekehrt.

Der lebende Körper ist Energie! Er ist umgeben und durchdrungen von Energie. Hier wirken elektromagnetische, physikalische Kräfte. Der Schulmedizin sind allein 12 Kreisläufe unseres Körpers bekannt, die alle unsere Energielevels beeinflussen. Atmung, Verdauung, Blutkreislauf, Cranio Sacral etc. Aus Sicht der traditionellen Medizin durchziehen Meridiane wie Energiebahnen unseren Körper. In diesem Bereich finden viele elektrisch messbare Phänomene statt. Alle unsere Muskeln, Organe, das Gehirn und unser ganzer Körper wird durch diese Energien versorgt. Die Energieebene hat aber auch noch einen anderen Aspekt: Wir spüren, ob wir uns voller Energie fühlen oder ausgepowert sind. Kennen Sie das Gefühl, dass manche Personen Ihnen Energie rauben, andere Sie stärken?

Die Unternehmensebene
Energie ist die Voraussetzung, um überhaupt Arbeit erfüllen zu können.

Diese Energie lässt sich auch im Unternehmen spüren.

Arbeiten Sie im Team zusammen, merken Sie sehr rasch auf welchem Energielevel die einzelnen Mitarbeiter agieren. Der Antrieb der einzelnen Mitarbeiter bzw. die Energie, die von einem Team ausgeht, entscheidet über den Erfolg eines jeden Projektes. Jedes Unternehmen wünscht sich Mitarbeiter, die mit Energie bei der Arbeit sind. Dennoch werden diese energetischen Aspekte im Unternehmen nicht bewusst wahrgenommen oder führen ein energetisches Schattendasein.

Die Ebene des Personalverantwortlichen
Der Interessenvertreter, der Motivator, der Moderator
Direkte Gespräche und Verhandlungen bedürfen der Energie der Beteiligten. Schwierige Verhandlungen

können durch unterschiedliche Interessen aufreibend sein und viel Energie kosten. Kommt es zu Konflikten und Dyssynergien zwischen Mitarbeitern, sind Sie als Moderator gefordert. In Verhandlungen müssen Sie Ihren Standpunkt oder den des Unternehmens bzw. der Geschäftsführung verteidigen. Den ganzen Tag spüren Sie positive wie negative Energien anderer Menschen um sich. All dies sind energetische Aufgaben. In dem energetischen Bereich agiert der Personaler nicht als Experte in Sachen Personal, sondern eher als Interessenvertreter, Motivator oder Moderator. Für die Erfüllung all dieser Aufgaben benötigen Sie Energie.

Unwissenheit – Wissen

- Rauben Ihnen Aufgaben bzw. der Umgang mit bestimmten Personen Energie?
- Fühlen Sie sich oft ausgepowert?
- Sind Sie von vielen schädlichen Energien umgeben?
- Fühlen Sie energetische Blockaden in ihren Körper?
- Welche andere Ebene raubt mit am meisten Energie?

Bewerten Sie nun Ihr persönliches Stresslevel im Bereich Energie auf folgender Skala:

gut									schlecht
1	2	3	4	5	6	7	8	9	10

Überlegen Sie für sich persönlich möglichst knapp in einem Wort oder Satz Was ist die Hauptursache, dass Sie sich energetisch ausgepowert fühlen?

Ihre persönlichen Energieräuber auf sachliche Ebenen und emotionaler Ebene oder

Dritte Ebene: Das Mentalfeld

Die dritte Ebene hat mit unserem Verstand zu tun und ist ähnlich aufgebaut wie ein Computer. Der mentale Körper ist unser Informationsträger und gleichzeitig der Administrator unseres Datenspeichers. Dieser lernt, ruft ab, löscht und gleicht alles als Erfahrungswissen ab. So können wir Erinnerungen abrufen, neue Sinneseindrücke verarbeiten und speichern sowie Wahrnehmungen interpretieren. Auf dieser Wissensbasis erschafft und plant der Geist seine Ziele und Aufgaben. Der Verstand ist verantwortlich für alle logischen Entscheidungen und die Voraussetzung um Strategien zu entwickeln. Er ist für unser bewusstes Handeln auf physischer Ebene verantwortlich. Auch setzt der Geist den Impuls für die energetische Ebene und kann diese beeinflussen.

Die Unternehmensebene

Hier findet sich die Verarbeitung von Informationen und die Bewertung und Umsetzung nach logisch rationalen Kriterien: Input – Transformation – Output. Das Fachwissen und die Kompetenz der Mitarbeiter fungierten als Basis. Experten und Problemlöser wenden ihre Kenntnisse für alle Belange des Unternehmens an. Das persönliche Mentalfeld tauscht sich mit den Feldern anderer Menschen aus. Know-how, Lösungs- und Zielorientierung sind Säulen des Unternehmens. Kreativität und das Entwickeln von Strategien sind der Motor der Innovation.

Die Ebene des Personalverantwortlichen: Der Problemlöser, der Informationsmanager, der Stratege

Hierzu zählen Aufgaben, bei denen Sie sich wirklich konzentrieren müssen.

Sie sind als Problemlöser mit Ihrem Fachwissen in Sachen Personal gefragt, denn zu Ihren Arbeiten gehört es nicht nur Informationen zu erfassen, einzuordnen und aufzubereiten. Sie sind gefordert daraus die schlüssigen Konzepte und Strategien zu entwickeln. Dies ist die Ebene, auf der Sie als ein spezialisierter Generalist für das Unternehmen als Ganzes mitverantwortlich sind. Sie beraten nicht nur, Sie handeln auch selbst und selbstständig. Zu Ihrer exzellenten Human Resources – Arbeit gehören insbesondere die strategischen Themen wie z. B. Unternehmenskultur, Corporate Social Responsibility oder Organisationsentwicklung. Kontinuierliche interdisziplinäre Weiterbildung und die Mitarbeit in fachübergreifenden Netzwerken, als Redner auf Personalermessen Präsenz zeigen oder das Präsentieren von Information für die entsprechenden Interessensgruppen – Ihre mentale Ebene wird bestimmt durch proaktive Denkarbeit.

Unwissenheit – Wissen

• Wo sehen Sie persönlich mentale Herausforderungen, die Sie auf Dauer überfordern könnten?
• Was bereitet Ihnen im wahrsten Sinne des Wortes Kopfzerbrechen?
• Grübeln Sie häufig über Probleme?
• Sind Sie Herr über Ihre Gedanken oder fühlen Sie sich zerstreut?

- Können Sie sich vorstellen Ihre Ziele auch mit weniger Stress zu erreichen?
- Setzen Sie sich selbst durch Ihre Gedanken, Erwartungen unter Druck?

Bewerten Sie nun Ihr persönliches Stresslevel in diesem Bereich auf folgender Skala:

gut   **schlecht**

1 2 3 4 5 6 7 8 9 10

Überlegen Sie für sich persönlich möglichst knapp in einem Wort oder Satz Was ist die Hauptursache, für das was Ihnen Kopfschmerzen bereitet? z. B.

Ihre persönlichen Leistungserwartungen an sich selbst, Ihre Sorgen und Probleme oder Vergleichbares.

Vierte Ebene: Das intuitive Feld des Unterbewusstseins

Es gibt eine Realität jenseits von Sprache und jenseits unseres Wissens. Wir können diese Ebene intuitiv erahnen, aber nicht mit dem Verstand erfassen, da die meisten lebenswichtigen Funktionen, wie Herzschlag, Atmung, Schlaf, Verdauung und Stoffwechsel vom autonomen Nervensystem unterbewusst gesteuert werden. Emotionen werden zwar bewusst wahrgenommen, jedoch meistens auch unterbewusst verursacht. Wer seine Intuition und die Weisheit des Unterbewussten für sich nutzen kann, hat schon einen großen Schritt zur Heilung getan. Die Emotion des Unterbewusstseins hilft uns zu überleben. Verhaltensweisen, Handlungsabläufe und Reaktionsmuster können eingeübt werden und werden dann als Muster im Unterbewusstsein verankert. Dies geschieht im Positiven wie im negativen Sinne. Beispielsweise übernimmt das Unterbewusstsein beim Autofahren komplexe Handlungsabläufe, sodass wir zum autonomen Fahrer werden. Leider gibt es auch negative Muster, wie der Griff zur Zigarette, der tausende Male einstudiert wurde und sich irgendwann als Sucht manifestiert.

Bevor unser Bewusstsein eine logische Handlung durchführen kann, wurde längst von unserer Intuition eine Einschätzung der Situation vorgenommen. Im Extremfall wird sofort der Reflex, der uns vor großem Schaden bewahrt, aktiviert. Das Unterbewusstsein entscheidet, inwieweit wir einer Gefahrensituation ausgesetzt sind oder ob alles im grünen Bereich ist. Wird eine Gefahr erkannt, startet automatisch das Urprogramm: Anspannung der Muskeln, Ausschüttung von Stresshormonen, Schutz der inneren Organe usw. Kritisch wird das Ganze erst dann, wenn unser Unterbewusstsein erkennt, permanent einer Dauerbedrohung ausgesetzt zu sein.

Die Unternehmensebene
Reale vernünftige Geschäftsabläufe werden dem Bewusstsein zugeordnet. Intuitive Entscheidungen dürften in den meisten Unternehmenskontexten als verpönt gelten. Dabei werden gerade im Controlling bzw. Personalwesen die Faktoren, die durch das Unterbewusstsein ausgelöst werden meiner Ansicht nach vollkommen unterschätzt. Das was nach außen „die Realität" entscheidet, ist nur die sichtbare Spitze des Eisberges. Weder Risikobereitschaft, noch die Entscheidung für Mitarbeiter x statt y, hängt nur von rationalen Faktoren ab. Dazu gehören sowohl die

Risikoanalyse, als auch der Bauch sowie das Mut- bzw. Angstpotenzial des Entscheiders. Natürlich spielen sich auch die Emotionen der Mitarbeiter im Unterbewussten ab. Sympathie bzw. Antipathie entscheiden über Aufträge und das Gelingen von Projekten. Wut, Ängste, Trauer, aber auch Euphorie, sind die eigentlichen Einflussfaktoren, die über Erfolg oder Misserfolg maßgeblich mitentscheiden.

Die Ebene des Personalverantwortlichen: Der Psychologe, der Konfliktmanager

Ging es bislang erstrangig um den Nutzen der Mitarbeiter für das Unternehmen, ist diese Ebene an die Bedürfnisse der Mitarbeiter gekoppelt. Der Personaler als Anwalt für die Belegschaft und als Mittler zwischen beiden Seiten, belegt diese Ebene: die Bedürfnisse der Mitarbeiter ermitteln und gemeinsam erarbeiten, wie diese berücksichtigt werden können. Bei Themen wie Mobbing, Entlassungen, sozialen Härten sind Sie per se, ob Sie es wollen oder nicht, emotional beteiligt. Wird eine Vermittlerrolle gefragt, erfordert dies diplomatisches Geschick und die Fähigkeit zu Konfliktmanagement oder gar Mediation. Dies bedeutet auch, über einen längeren Zeitraum mit emotionalem Stress in Prozessen oder Veränderungen konfrontiert zu sein und dies auszuhalten. In einigen Fällen sind Sie aufgrund Ihrer Rolle im Unternehmen Teil des emotionalen Konflikts. Der Dialog mit den Mitarbeitern erfordert, auch auf emotionale Reaktionen reagieren zu können und Sie insgesamt gestärkt in Ihrer Selbstwahrnehmung aus diesem Prozess wieder zu „entlassen".

Unwissenheit – Wissen

- Welchen emotionalen Belastungen sind Sie ausgesetzt?
- Wie empfinden Sie den emotionalen Stress?
- Können Sie sich von emotionalem Stress freimachen?
- Wie bewerten Sie Ihr emotionales Verhalten bei Stress?
- Können Sie schlechte unterbewusste Automatismen stoppen?
- Können Sie mit Ihren Sorgen und Gefühlen umgehen?

Bewerten Sie nun Ihr persönliches Stresslevel im Bereich Unbewusstsein auf folgender Skala:

Überlegen Sie für sich persönlich möglichst knapp in einem Wort oder Satz: Was ist die Hauptursache für Ihre emotionale Belastung? z. B.

gut   schlecht

1   2   3   4   5   6   7   8   9   10

Ihre persönlichen Ängste, Ihrer persönlichen emotionalen Konflikte oder Vergleichbares.

Fünfte Ebene: Die ethisch, seelische Dimension

Die fünfte Ebene umfasst die ethischen Aspekte eines Menschen. Jenen Teil, mit dem das Spirituelle verknüpft ist und in uns zum Ausdruck kommt. Unabhängig von der Religion bezeichnet Spiritualität den Ausdruck der Seele. Ist die Seele krank, sind alle anderen Ebenen mit betroffen. Wird die Seele gesund, verbessern sich alle anderen Ebenen. Die Verbindung zur universellen Kraft ist intakt. Die Natur der

Seele besteht darin, dass ihr etwas Ewiges innewohnt. Um Erfahrungen auf dieser Ebene machen zu können, braucht es viel Zeit und Raum – für das Alleinsein und Insichgehen. Vertrauen, Mitgefühl, Verzeihen und Erfüllung kennzeichnen den Kontakt zur Ebene der Seele.

Die Unternehmensebene

Für die Bedeutung, die wir im Geschäftsleben einnehmen, ist die Seele weitgehend tabu. Daher leben wir häufig fremdbestimmt und gegen die Bedürfnisse unserer Seele. Überhaupt wird sie nur sehr beschränkt wahrgenommen. Dafür sorgen wir jedoch auch selbst, indem wir den Kanal zu unserer Seele auf unnatürliche Weise verschütten. Wir schlüpfen in Rollen und glauben uns selbst, was wir anderen vorspielen. Die Rollenspiele ändern sich, die Seele bleibt. Ein glücklicher Mensch ist der, dessen Rolle mit dem was seine Seele will im Einklang ist. In den Elementen finden wir einen natürlichen Ausgleich. Wenn wir die Natur des Geistes erfahren und wieder gelernt haben, ein seelisches Gleichgewicht zu finden, ist es einfacher damit umzugehen.

Die Ebene des Personalverantwortlichen: Der Mensch

Geht es um die Verbesserung der beruflichen Praxis des Mitarbeiters und die bestmögliche und zielführendste Steuerung seines Verhaltens, seiner Kommunikation usw., ist eine verengte Wahrnehmung oder eine Segmentierung nicht hilfreich, da sie dem Leben nicht gerecht wird. So können sich private und seelisch herausfordernde Lebensumstände erheblich auf die berufliche Leistungsfähigkeit auswirken und umgekehrt kann berufliche Unzufriedenheit große Teile der übrigen Lebensbereiche negativ beeinflussen. Eine Sicht, die das berufliche Agieren bspw. mit dem jeweiligen Persönlichkeitstypus abgleicht und den Blick auf die Perspektiven sucht, die mindestens erforderlich sind, um einen ganzheitlichen Eindruck von einer Person oder Problem zu bekommen, liegt auf dieser Ebene: der Personalverantwortliche als Mensch, aufgrund seiner Befähigung als Menschenkenner oder sogar Seelsorger. In dieser Funktion steht er für die Übernahme von Mitverantwortung, für die Lebenswege seiner Mitarbeiter und die personifizierte ethische Führung, die auf die Nachhaltigkeit der Priorisierung des „menschlichen Faktors" in der Wirtschaftsrealität ausgerichtet ist. Aufgrund von wirtschaftlichen und rechtlichen Zwängen müssen Sie in bestimmten Fällen gegen Ihre ethischen Grundüberzeugungen handeln.

Unwissenheit – Wissen

- Sind Sie seelisch verletzlich?
- Gibt es Entscheidungen, die Ihnen seelischen Stress bereiten?
- Was können Sie für Ihre Seele tun?
- Wie erlangen Sie Urvertrauen?
- Was wäre das wichtigste für Sie persönlich?

Bewerten Sie nun Ihr persönliches Stresslevel auf seelischer Ebene anhand folgender Skala:

gut									schlecht
1	2	3	4	5	6	7	8	9	10

Überlegen Sie für sich persönlich möglichst knapp in einem Wort oder Satz: Was ist die Hauptursache für das, was Ihre Seele belastet? Z. B. Ihr Handeln gegen Ihre inneren Überzeugungen, Ihre persönlichen inneren Konflikte oder Vergleichbares.

Sollten Sie in einer oder in mehreren Ebenen über eine 5 bewerten, sind Sie ein Kandidat für den Anti-Stress-Trainer. Ihr persönliches Profil zeigt Ihnen die Notwendigkeit, auf welcher Ebene der stärkste persönliche Handlungsbedarf besteht. Die Selbstreflexion war der erste Schritt zu Ihrem maßgeschneiderten Anti-Stress-Trainer. Und so bietet es ein wunderbares Werkzeug, genauer zu identifizieren, wo augenblicklich die stärksten Vakanzen sind und wie man derer abhelfen kann. Jetzt folgt der zweite Schritt: die Therapie.

4.3 Fünf-Ebenen-Therapie: Grundsätzliches und Anregungen

Sie entscheiden täglich selbst, sich auf den 5 Ebenen weiterzuentwickeln. Sie sind in letzter Konsequenz verantwortlich dafür, inwieweit Ihr persönliches Verhalten auf jeder Ebene zu einer positiven Anpassung oder zu einer körperlichen und psychischen Schädigung, bis hin zum Burnout, führt.

Die fünf Ebenen setzen genau da an. Sie haben die einzelnen Ebenen bereits kennengelernt, nun wollen wir sie zunächst mit allgemeinen Tipps unterfüttern, um dann im nächsten Teil den ganz konkreten 15-Minuten-Anti-Stress-Trainer für Sie darzustellen.

Jede der fünf Ebenen ist dabei für sich betrachtbar, doch liegt dem Modell wie schon gesagt, die tiefe Überzeugung zugrunde, dass der Mensch ein multidimensionales Wesen ist. Betrachten Sie die Vorschläge als Anregung auf den 5 Ebenen. In letzter Konsequenz sollten Sie Ihr eigenes 5 Ebenen Programm für sich entwickeln. Weitere Anregungen, Übungen und Tipps auf den 5 Ebenen finden Sie kostenlos auf unserer Webseite **www.seminare-wuerzburg.de**.

Die physikalische Ebene

Auf der körperlichen Ebene spielt sich alles ab, was wir spüren, erfahren und in die Tat umsetzen können. Im direkten Handeln, frei nach Erich Kästner: „Es gibt nichts Gutes, außer man tut es", ist dies die Ebene, bei der Sie eine positive Veränderung, auch wenn der Impuls von einer höheren Ebenen kommt, realisieren und praktisch umsetzen können.

Auf der physikalischen Ebene setzen die körperliche Anspannungs- Entspannungstechniken an. Gerade, wenn Sie bei der Einordnung der Sinneskanäle einen hohen kineastischen Anteil hatten, eignen sich diese körperlichen Übungen für Sie. In gleicher Weise, wie Sie einen Muskel durch Kontraktion und Relaxation trainieren und somit stärken können, werden Sie damit Ihre Fähigkeit Stress abzubauen verbessern.

Es geht darum, Ihr Spektrum von Anspannung zu Entspannung über das normale Maß zu erweitern. Um dies zu erreichen, gilt es die Voraussetzungen für eine geeignete Stimulation zu schaffen.

Vor allem durch Bewegung, sei es beim Sport oder Ausgleich durch ein Hobby oder Vergleichbares – schaffen Sie eine positive Stimulation. Hierbei gelten dieselben Empfehlungen wie für den Flow. Überfordern und unterfordern Sie sich nicht bei Ihren Aktivitäten. Im Besonderen gilt hier, dass Sie eine Umgebung schaffen, bei der Sie unmittelbare Freude und Zufriedenheit tatsächlich erfahren und erleben. Optimal sind alle Tätigkeiten in einer natürlichen Umgebung.

Ähnliches gilt für alle Verfahren der Entspannung. Schaffen Sie die Voraussetzungen – für eine tiefe spürbare Ruhe und Entspannung.

Es geht wirklich darum, Ihr Hamsterrad physikalisch anzuhalten und die Nabelschnur zu Ihrem Smartphone, Internet, E-Mail zu kappen. Schaffen Sie sich zeitlich und räumlich einen Entspannungsraum, mit dem Ziel, ein Umfeld für qualitativ hochwertige Entspannung zu kreieren. Ein Refugium.

Lernen Sie Techniken, bei denen Sie eine qualitativ hochwertige Entspannung tatsächlich spüren und erfahren (Abb. 4.2).

Ein Beispiel, wie ich persönlich auf dieser Ebene eine gute Kombination verwirkliche, ist unser Gesundheitssegeln (www.gesundheitsegeln.de 2017). Hier haben ich die Möglichkeit in natürlicher Umgebung sowohl Flow, als auch tiefe Entspannung zu erfahren.

Allein die Natur, das Meer, der Wind, die Sonne, der Horizont bieten mir den wirklichen physikalischen Raum zur Erholung. Ich kann die Welt an Land hinter mir lassen und spätestens nach dem Überqueren der 12 Meilen-Zone ist das Handy nicht mehr verfügbar. Hier habe ich nicht

Abb. 4.2   Physische Entspannung Segeln. (Quelle:123rf)

nur die Möglichkeit vom Hafen abzulegen, sondern auch all meinen Stress an Land zu lassen. Im natürlichen Flow mit den Elementen schaffe ich auf diesen Trips für mich persönlich das Gleichwicht zwischen Stimulation und Erholung.

Natürlich ist das Segeln nur eine Idee. Wichtig ist etwas zu finden, wo sich Ihr Körper und die Psyche gegenseitig die Bälle zuspielen. Welche Entspannungsübung zu Hause für Sie die beste ist, werden Sie selbst schnell herausfinden. Suchen Sie sich in Ihrem Refugium Übungen die Ihre bevorzugten Sinneskanäle ansprechen. Vom Lieblingssport bis Faulenzen ist alles erlaubt.

Aus persönlicher Erfahrung kann ich Ihnen neben Gesundheitssegeln, Yoga, Progressive Muskelentspannung, Autogenes Training, Körperbalance, Eisenhemd Qi Gong und Extremcouching empfehlen.

Es geht um Sie!

Nun folgen die schon erwähnten abschließenden Punkte der „Großen Drei": In diesem nächsten, und auf allen anderen Ebenen genauso folgenden, Schritt, geht es nun um Sie ganz persönlich. Nachdem Sie in der Diagnose herausgefunden haben, dass Sie bspw. auf der Physikalischen Ebene besonders belastet sind, kommt es jetzt auf Sie an: Kreieren Sie Ihre eigene Handlungsaufforderung und kommen Sie ins Tun. Wie bei den „Großen Drei" erklärt, spielt dafür nun der Schritt des Loslassens eine wichtige Rolle. In engem Zusammenhang damit, die inneren Widerstände gegen das Loslassen zu überwinden.

Versuchen Sie es, und Sie werden erfahren, welche Souveränität Sie erlangen – denn es ist ein Weg, der in die Freiheit führt. Der Mensch, der loslässt, ist kein auswechselbarer Platzhalter mehr. Der Mensch, der seine inneren Widerstände aufgibt und sich selbst liebt, wird niemals mehr nach dem Prinzip momentaner Nützlichkeit definiert werden. Dieser innere Prozess, Verletzungen, Demütigungen, Verleumdungen, falsche Prägungen loszulassen und nichts mehr wegzudrücken ins Unterbewusste, muss eingeübt werden. Solange bis er wie das tägliche Aufräumen Ihres Schreibtisches in Fleisch und Blut übergeht. Wer in kritischen Lebensphasen im Alten stecken bleibt, nimmt diesen Ballast mit in neue Lebensphasen. Tun Sie dies nicht, werden Sie den großen Nutzen spüren, Ihre psychische und physische Gesundheit wird es Ihnen danken. Indem Sie sich trennen und etwas entsorgen, ja etwas verlernen, machen Sie wieder Platz für Neues, was es zu lernen gilt. Ein ganz wichtiger Nutzen des Loslassens und des Überwindens der eigenen Widerstände ist zudem die Gelassenheit. Wer loslassen kann, kann Gelassenheit entwickeln. Wer das Vergehende und Belastende nicht am „Gehen" hindert, der kann viel besser annehmen, was sich als „Neues" zutritt zum Leben erbittet.

Den diesbezüglichen Prozess auf den nächsten Ebenen, der jeweils mit: **Es geht um Sie!** überschrieben sein wird, möchte ich Ihnen auch wieder mit hilfreichen Fragen und Anregungen versehen:

Auf der physischen Ebene geht es wirklich darum, im wahrsten Sinnen des Wortes zu entrümpeln.

Anhaften – Loslassen

- Was können Sie physisch loslassen?
- Lassen Sie bestimmte Arbeiten los.
- Trennen Sie sich von Dingen, die Ihrem Körper nicht guttun.
- Trennen Sie sich von Objekten, vom Besitz der Sie nur noch belastet.
- Legen Sie sich hin und tun Sie körperlich nichts.

Geben Sie Ihren Körper was er wirklich braucht!

Widerstand – Empathie

- Geben Sie Ihren Körper Freude, Liebe, gesundes Essen etc.
- Erspüren Sie Ihren Körper wieder.
- Gehen Sie liebevoll mit Ihrem Körper um.

Entscheiden Sie – Was wollen Sie Ihren Körper heute Gutes tun?

Die energetische Ebene

Energie schafft Bewegung. Bewegung schafft Energie. Energie ist der Fluss des Lebens. Bewegung meint auf dieser Ebene aber nicht nur die körperliche Energie, sie ist allgegenwärtig, aber nicht sichtbar. Auch in unserem Körper befindet sich Energie, Lebensenergie. Wir brauchen sie, damit der Körper funktionieren kann: zum Denken, zum Atmen, zum Bewegen – dafür fließt jeden Tag viel Energie durch unsere Körper. Lebensenergie kann durch Blockaden aus dem Gleichgewicht gebracht werden. Durch ein Zuviel oder zu wenig an Energie, können körperliche oder psychische Belastungen entstehen. Ein reduzierter Energiespiegel verlangsamt alle Funktionen. Der Körper braucht sein energetisches Gleichgewicht.

Wer sich bewusst macht, dass die Lebenskraft nicht einfach eine verfügbare Größe ist, kann vorbeugend wirken, indem sie immer wieder von neuem durch den Atem erschlossen wird. Dann wirkt sie als die ausschlaggebende Kraft für Schöpfergeist, Kreativität und Lebensfreude. Durch die Arbeit mit dem Atem wird sich der Mensch aufgrund der angeregten energetischen Prozesse seines Körpers bewusst. Energetische Ladung will der energetischen Entladung entsprechen: Die Energiemenge, die ein Mensch durch Atmung und Stoffwechsel entwickelt, steht in unmittelbarem Zusammenhang zu der Menge von Gefühlen, die er tolerieren oder ausdrücken kann.

Großer Ärger, Ängste oder Frustration stören die körperlichen Prozesse jedoch über das Maß der Selbstheilungskräfte hinaus. In Phasen großer Belastungen benötigt der Organismus jede Menge Ressourcen und im Zweifel seine komplette Energie zu deren Bewältigung. Energetische Methoden können dabei helfen, Energieflüsse wieder ins Gleichgewicht zu bringen.

Aus eigener Erfahrung kann ich ein sehr effektives Mittel empfehlen, um die energetischen Sicherungen wieder ins Gleichgewicht zu bringen: die Akupressur (Abb. 4.3).

Stellen Sie sich einen Stromkreislauf vor, bei dem einige Sicherungen durchgebrannt und einige Widerstände aus dem Gleichgewicht geraten sind. Anders als bei der Akupunktur können ohne Nadeln ähnlich positive Effekte erzielt werden. Durch das Stimulieren der Akupunkturpunkte durch Fingerdruck lassen sich sogar Krankheiten behandeln und energetisch Stress abbauen. Auf alle Fälle verbessern Sie den Fluss Ihrer Energie in Ihren Meridianen.

Abb. 4.3 Energetische Ebene Meridiane. (Quelle: Fotolia)

Die Akupressur eignet sich für den Einsteiger, weil Sie die Techniken sehr einfach erlernen und wirkungsvoll für sich selbst einsetzen können.

Allerdings benötigen Sie dafür gewisse Grundkenntnisse der Meridiane und Energiekanäle die den Körper durchziehen. In unseren Seminaren zur Traditionellen chinesischen Medizin bieten wir diesen Erwerb der Kenntnisse zur Selbstbehandlung an. Die wichtigsten Akupressur Punkte zur Entspannung finden Sie kostenlos auf unserer Webseite (www.seminare-wuerzburg.de 2017)

Aus persönlicher Erfahrung, für mehr Energie kann ich Ihnen neben Akupressur, Heilfasten, Atemtherapie, Yoga, Qi Gong, Kräuter, Meridian Praxis und Erholen durch Nichtstun empfehlen.

Es geht um Sie!

Befreien Sie sich von allem, was Ihr energetisches Gleichgewicht stört.

Anhaften – Loslassen

- Lassen Sie alles was Ihre Energie raubt los.
- Lassen Sie ab von Nahrungsmitteln, die ihn nicht guttun.
- Verschwenden Sie keine Energie
- Entfernen Sie alle Gifte aus Ihrem Leben, die Ihre Kreisläufe schädigen.

Lernen Sie wieder Ihre Energie zu spüren, zu schützen und zu bewahren.

Widerstand – Empathie

- Spüren Sie Ihre Energiekreisläufe, lassen Sie Ihr Qi wandern
- Kehren Sie zu Ihrem natürlichen Kreislauf zurück
- Gehen Sie achtsam mit Ihrer Lebensenergie um
- Seien Sie Energie.

Entscheiden Sie – Was wollen Sie heute tun, um voll Energie zu sein?
Die mentale Ebene
Jeden Tag denken und fühlen wir ununterbrochen. Wären wir in allem so fleißig, wie im Denken, nichts könnte uns stoppen. Doch gerade die Gedanken hin und wieder „zu stoppen" ist wichtig um die mentale Ebene wieder ins Gleichgewicht zu bringen.

Das Konzept der Achtsamkeit, lässt sich auf buddhistische Wurzeln zurückführen, ist dabei jedoch seinem Wesen nach nicht nur religiös. Es handelt sich nicht nur um eine Geisteshaltung, sondern Achtsamkeit ist eine grundsätzliche Fähigkeit des menschlichen Geistes und Gehirns für nicht wertendes, aber unmittelbares Gewahrsein der momentanen geistigen und körperlichen Zustände. Achtsamkeit ist eine Fähigkeit, die jedem Menschen innewohnt, aber durch systematisches Üben von Achtsamkeitsmeditationen stärker ausgeprägt werden kann. Wir können so lernen, unsere Aufmerksamkeit besser zu lenken und uns auf Wahrnehmungen oder Gedanken zu konzentrieren. Diese Achtsamkeit ermöglicht es, Dinge besser wahrzunehmen und zu erkennen, als mit einem unruhigen oder abgelenkten Geist, der immerzu grübelt, sich falsche Ziele setzt und dessen zerstreute Gedanken häufig ins Negative abdriften, statt sich positiv zu motivieren. Warum ist das so wichtig?

Achtsamkeits-Übungen und Selbsthypnose können dafür genutzt werden, um Gefühle im Jetzt wahrzunehmen, ohne sie zu bewerten. Neben den Gefühlen wie z. B. Neid auf erfolgreiche Menschen, spielt hier vor allem das Selbstwertgefühl eine Rolle: Was denke ich über mich selbst und was traue ich mir zu?

Aus der Verhaltensforschung wissen wir, dass eine optimistische Bewertung einer Situation die elektrischen Impulse der Gehirnwellen senkt. Dann wird die angespannte, hochgradig anstrengende High-Beta-Linie abgesenkt. Der Atem wird freier, der Herzschlag langsamer, die Muskeln entspannen. Nur wenige Minuten reichen aus, um die Stresskaskade zu verlangsamen und um eine Vorstellung davon erhalten, wie sich die Ruhe anfühlt, die längst verloren schien. Das bedeutet durch gezielte mentale Übungen können Sie den Alpha Zustand und damit eine qualitativ hochwertige Entspannung erreichen.

Das Qi folgt dem Geist, deshalb müssen Sie nicht erst in ein Shaolin Kloster begeben, sondern können mithilfe der Selbsthypnose ähnlich wie beim Autogenen Training arbeiten. Dabei lernt Ihr Körper auf physischer und energetischer Ebene zu entspannen. Das Gute ist, den Einzigen, den Sie hin zu einem besseren Verhalten bei der Selbsthypnose beeinflussen können sind sie selbst. Sie trainieren Ihre Introspektionsfähigkeit, indem Sie Ihren Geist nutzen, um einen Spalt zu sich selbst und zur Ebene des Unterbewusstseins zu öffnen. Sie lernen im wahrsten Sinne des Wortes die Kunst in sich hineinzuschauen. Durch das Erlernen und Trainieren von Induktions- und Vertiefungstechniken kommen Sie mit der Zeit automatisch in einen angenehmen Ruhezustand, der jedem Stressempfinden entgegenwirkt.

Aus persönlicher Erfahrung kann ich Ihnen neben der Selbsthypnose, Resilienz, Salutogenese, Gedankenstopp-Übungen, Achtsamkeitsübungen, Meditationsformen bis Gehirnwellen Stufe Alpha und Nichtsdenken empfehlen.

Es geht um Sie!

Gerade in kritischen Situationen helfen Ihnen negative Gedanken nicht weiter!

Anhaften – Loslassen

- Gleichen Sie negative Gedanken mit der Realität ab, sind diese übertrieben, lassen Sie die Gedanken los.
- Eleminieren Sie möglichst viel, was Ihre Gedanken zerstreut.
- Geben Sie Muster auf, die nicht mehr zu Ihren passen.
- Lassen Sie überkommene Einstellungen los
- Denken Sie einmal an nichts.

Ersetzen Sie Ihren Grübeln und Zweifeln positive Gedanken und Einstellungen entgegen.

Widerstand – Empathie

- Denken Sie liebevoll über sich, an andere, die nächste Arbeit.
- Setzten Sie sich sinnvolle Ziele, zu denen Sie stehen können.

- Durchbrechen Sie liebevoll das Grüben durch Gedankenstopp.
- Setzen Sie so häufig wie möglich positive Gedanken ein.
- Lernen Sie positive Muster

Entscheiden Sie – Was wollen Sie heute positives Denken?

Die unterbewusste Ebene

Wenn die Probleme tief im Unterbewusstsein verankert sind und Sie mit aktivem Handeln, mehr Energie bzw. Logik nicht mehr weiterkommen, bleibt Ihnen aus Sicht des Fünf-Ebenen-Modells nur die unterbewusste Ebene. Dort liegen unsere Einstellungen und inneren Haltungen sowie die eingetrichterten Glaubenssätze. Die meisten aus unseren Gedanken resultierenden Gefühle sind uns nicht bewusst.

Nach unserer Geburt durchlaufen wir ungezählte Stationen, werden wir geformt von Eltern, Erziehern, Lehrern, Partnern .... Wir lernen, welche unserer Eigenschaften genehm und welche unerwünscht sind. Entsprechend korrigieren wir unser „Angebot". Das, was jetzt noch sichtbar ist, ist das, was gut ankam. Aber ist das, was da nach außen sichtbar ist, noch unser eigenes ICH? Für einen wichtigen Schritt auf dieser Ebene suchen wir also nach all den Eigenschaften, die wir im Laufe unseres bisherigen Lebens verdrängt haben.

Glaubenssätze spielen dafür eine wichtige Rolle. Sie beeinflussen, was wir denken und wahrnehmen, bzw. was wir uns erlauben zu denken und wahrzunehmen und was wir für möglich halten. Sie treffen Aussagen darüber, was jemand (nicht) kann/darf/soll/muss/ist oder wie Dinge sich zueinander verhalten oder wie die Welt ist. Glaubenssätze können uns durchaus positive Orientierung und Stabilisierung geben, wie eine Veränderung blockieren. Das Gute daran: Glaubenssätze und innere Haltungen sind nicht unabänderlich.

Die Hypnosetherapie kann dabei helfen der „Mussturbation" zu entgehen. Sicherlich ist dem Workaholic bewusst, dass er zu viel arbeitet. Viele Menschen erkennen zwar ihr selbstschädigendes Verhalten, sind aber nicht mehr in der Lage es durch den Verstand oder die Logik zu ändern. Gefühle wie Ängste, Schmerz, Traumata, tief verankertes selbstschädigendes Verhalten, alle Krankheitsbilder der Psychosomatik sind nur einige Anwendungen bei denen die Hypnosetherapie tiefgreifend helfen kann.

Die Hypnosetherapie wurde durch den wissenschaftlichen Beirat Psychotherapie im März 2006 als wissenschaftliche Behandlungsmethode in der Psychotherapie der Bundesrepublik Deutschland anerkannt. Der moderne Ansatz der Hypnosetherapie durch Milton Erickson, bezeichnet das Unterbewusstsein als fast unerschöpfliche Ressource, die es gilt wiederzuentdecken. In vielen Köpfen spuken Bilder aus der Bühnenhypnose oder aus einschlägigen Kinofilmen, bei denen die willenlosen Opfer der Manipulation des Hypnotiseurs hilflos ausgeliefert sind. Das Gegenteil ist der Fall. Bei vernünftiger Anwendung nutzen Sie Ihr Bewusstsein, Ihren Verstand und stärken Ihre Willenskraft, um auf allen Ebenen vielfältig von der Hypnose als Therapie zu profitieren.

Ich selbst, der ich Hypnosetherapeuten für die NGH ausbilde, vertrete auch den modernen Ansatz der Hypnosetherapie. Die Suggestion wird dabei nur noch verwendet, um den Hilfesuchenden in den Alphazustand oder tiefer zu versetzen bzw. Impulse zu setzen, um die Weisheit seines Unterbewusstseins zu eröffnen. Die „Heilung" erfolgt durch den Patienten bzw. durch sein Unterbewusstsein. Der Therapeut dient lediglich als vertrauensvoller Begleiter, Wegweiser zum Unterbewussten und Scout zum Aktivieren der Selbstheilungskräfte.

Aus persönlicher Erfahrung kann ich Ihnen neben der Hypnosetherapie, den kleinen Energiekreislauf Mantak Chia, Meditationsformen Alpha und Delta empfehlen.

Es geht um Sie!

Viele Muster und emotionale Verhaltensweisen haben sich hartnäckig in Ihr Unterbewusstsein eingegraben. Von Einigen sollten Sie sich auf alle Fälle trennen. Durch diese Bewusstseinserweiterung erkennen Sie Ihre eingefahrenen Stressmuster und suboptimalen Glaubenssätze. Lernen Sie Ihre Muster zu ändern. Jedes Muster hat oder hatte einmal gute Absicht. Je mehr das Verhalten wiederholt wird, verfestigt sich das Muster im Unterbewusstsein. Daher gilt es gute Muster mit sinnvollen Wiederholungen zu schaffen.

Anhaften – Loslassen

- Welche Muster der Vergangenheit können sofort gelöscht werden?
- Welche als übertrieben erkannten Emotionen können Sie loslassen?
- Von welchen schlechten Angewohnheiten können Sie sich sofort trennen?
- Lösen Sie sich von emotional belastenden Beziehungen.
- Lösen Sie sich vom Emotionsballast der Vergangenheit.

Ihre Intuition ist häufig klüger als Ihr Verstand. Lernen Sie wieder auf Ihre innere Stimme zu hören. Mit einem positiven Selbsterleben bleiben Sie stabil. Achten Sie daher auf positive Emotionen.

Widerstand – Empathie

- Fühlen Sie in sich hinein, vertrauen und entscheiden Sie nach Ihrem Bauchgefühl.
- Seien Sie dankbar für all die Aufgaben die Ihr Unterbewusstsein für Sie erledigt.
- Suchen Sie positive Emotionen.
- Welchen Widerstand mit Kollegen, mit Angehörigen wollen Sie liebevoll klären.
- Leben Sie Hoffnung und Freude.

Entscheiden Sie – Was wollen Sie heute positives Fühlen?
Die seelische Ebene
Diese Ebene birgt die Essenz der individuellen Seele. Es ist der natürliche Zustand ganz und vollständig zu sein, genau das, was man wirklich ist, ohne von Emotionen oder Aufregung berührt zu werden (Abb. 4.4).

Unabhängig von der Religion bezeichnet Spiritualität den Ausdruck der Seele. Ist die Seele krank, sind alle anderen Ebenen mit betroffen. Wird die Seele gesund, verbessern sich alle anderen Ebenen. Die Natur der Seele besteht darin, dass ihr etwas Ewiges innewohnt. Vertrauen, Mitgefühl, Verzeihen, Erfüllung. Es ist die feinste und mächtigste Form des Qi. Ein glücklicher Mensch ist der, dessen Rolle mit dem was seine Seele will an ihren im Einklang ist.

Abb. 4.4 Seelische Ebene Gesundheitsmediation. (Quelle: 123rf)

In den Elementen finden wir einen natürlichen Ausgleich. Wenn wir die Natur des Geistes erfahren haben und wir wieder gelernt haben, ein seelisches Gleichgewicht zu finden ist es einfacher damit umzugehen.

Um Erfahrungen auf der fünften Ebene machen zu können, das heißt zu unserer inneren Mitte zu finden, müssen wir uns genug Zeit und Raum geben. Dabei hilft uns die Gesundheitsmeditation. Die Art der Meditation, die ich anbiete, ist eine Verbindung einer objektorientierten Meditation, mit der Sie lernen über Ihren Körper auf fünf Ebenen zu meditieren.

Diese geht noch tiefer als die Hypnosetechniken: Während wir mit der Hypnose etwas zu erreichen versuchen, dient die Meditation dazu zu mir finden. Meine Seele wieder zu spüren und in Kontakt zu ihr zu kommen.

Der Übergang zu den Meditationsformen, die den Raum zu sich selbst schaffen, ist fließend.

Jeder kann diese Art des Meditierens lernen, ohne ein ganzes Glaubenssystem annehmen zu müssen.

Um diese Ebene auszubalancieren ist die völlige Losgelöstheit erforderlich. Ein Zustand der vollkommenen Harmonie. Wichtig dabei: Auch ohne spirituelle Praktiken erlebt diesen Zustand jeder irgendwann in seinem Leben, aber der normalerweise ununterbrochene Gedankenfluss unseres Hirns verhindert, dass dieser Zustand lange andauert – sodass wir ihn vielfach, wenn überhaupt, dann nur flüchtig wahrnehmen.

Wenn Sie sich nun aber fragen, wie Sie dies bewusst initiieren können, dann lade ich Sie ein zu unseren Meditationsseminaren (www.gesundheitskloster.de 2017). Im Grunde kann jeder sofort meditieren. Wir geben Ihnen einfache Anleitungen für die äußere und innere Haltung und die Einübung von Meditationstechniken. die sich zudem leicht in den Alltag integrieren lassen.

Aus persönlicher Erfahrung kann ich neben der Gesundheitsmeditation, Meditationsformen der Gehirnwellen Stufen Alpha bis Theta, Meditationsformen von Deepak Chopra, Meditationsformen aus dem Bön empfehlen. Kostenlose Anleitungen zum Meditieren finden Sie www.gesundheitsmeditation.de.

Es geht um Sie!
Ist Ihre Seele krank, dann sind die anderen 4 Ebenen ebenfalls krank. Trennen Sie sich unbedingt von allen Dingen die Ihre Seele krankmacht.

Anhaften – Loslassen

- Welche seelischen Konflikte und Widerstände dürfen Sie mit anderen lösen?
- Welche seelischen Konflikte dürfen Sie für sich lösen?
- Welche Ebene verhindert am meisten den Zugang zu Ihrer Seele?
- Was hindert Sie zu sein, was Sie sind?

Achten Sie auf sich und Andere und schützen Sie Ihre Seele!

Widerstand – Empathie

- Wie können Sie den Kanal zu Ihrer Seele wiedererlangen?
- Was ist Ihre wirkliche Rolle im Leben?
- Sie dürfen einfach sein.
- Verzeihen Sie einseitig von ganzem Herzen, auch wenn der andere Ihnen nicht verzeiht.

Entscheiden Sie – Was wollen Sie heute für Ihre Seele tun?

4.4   15-Minuten-Anti-Stress-Trainer auf Fünf-Ebenen-Praxis

Ich möchte Sie nun einladen zunächst über den Selbstversuch die folgenden Übungen auszuprobieren. Qi als eine Kraft, die Umwandlung in Gang setzt, ist nicht auf Knopfdruck erreichbar. Um diese Kraft zu entfalten, muss sich

Qi innerhalb bestimmter Strukturen bewegen und wirken können. Einige dieser Systeme möchte ich Ihnen im Folgenden vorstellen. Vermutlich kennen Sie die ein oder andere Übung schon, anderes mag Ihnen komplett neu erscheinen und wiederum anderes als so simpel und gleichzeitig effektiv, dass es in Ihren Alltag leicht integrierbar ist.

Jeder Mensch ist einzigartig, daher ist der Weg hin zur persönlichen Entspannung immer ein persönlicher Weg. Universelle Prinzipien mögen spannend, sollten jedoch nicht unser Ziel sein. Zu Beginn gilt es vielmehr genau den Kanal herauszufinden, der Sie am besten in einen Zustand der Entspannung versetzen kann. Dies hängt in vielen Fällen von der Wahrnehmung der verschiedenen Sinneskanäle ab und natürlich davon, welchen Teil Ihrer fünf Ebenen Sie stärken möchten.

Die physische Ebene
Auf der körperlichen Ebene gibt es eine Vielfalt an Therapien, die direkt wirken. Eine besonders wirkungsvolle Methode ist die Progressive Muskelentspannung nach Jacobson (1990).

Der amerikanische Arzt und Physiologe Edmund Jacobson (1885–1976) beobachtete bei Patienten, dass durch angstinduzierte Spannungsreaktionen Muskelkontraktionen ausgelöst wurden.

Er entdeckte, dass die systematische Anspannung und Entspannung von Muskelgruppen Kontraktionen aufheben und die Patienten in einen Zustand tiefer Entspannung und Ruhe versetzen konnte. Dabei werden die einzelnen Muskelpartien nacheinander zunächst angespannt, die Spannung kurz gehalten und dann wieder gelöst. Die

Aufmerksamkeit wird dabei auf den Wechsel zwischen Anspannung und Entspannung und die mit diesen unterschiedlichen Zuständen verknüpften Empfindungen gerichtet. Die Progressive Muskelrelaxation nach Jacobson (PME) basiert also auf der systematischen An- und Entspannung einer Folge von Muskelgruppen und dient der vermehrten Körperwahrnehmung und Entspannung.

Aus klinischer Sicht ist die PME ein anerkanntes und etabliertes Entspannungsverfahren zur Reduktion stressinduzierter Fehlanpassungen auf der emotionalen und muskulären Ebene. Es geht es darum, die Unterschiede zwischen An- und Entspannung nachzuspüren, die Wahrnehmung des eigenen Körpers zu verbessern und so zu erkennen, wann man angespannt ist, um dann zielgerichtet gegensteuern zu können. Dabei findet ein Wechsel zwischen Anspannung und Entspannung einzelner Muskelgruppen statt, wobei die Phase der Entspannung deutlich länger ist, als die der Anspannung. So werden Sie selbst in die Lage versetzt zu steuern, inwieweit Sie in einem angespannten oder entspannten Zustand sind. Diese Fähigkeit wird Ihnen auf physischer Ebene helfen, den Stress aus Ihren Knochen und Muskeln zu bekommen. Die tiefe Entspannung der ganzen Muskulatur wirkt beruhigend auf das vegetative Nervensystem, das unter anderem Herzschlag, Atmung, Blutdruck, Verdauung und Stoffwechsel kontrolliert.

Dadurch kann sich PMR bei folgenden Problemen positiv auswirken:

- Vorbeugung psychosomatischer Erkrankungen
- Alltagsstress

- Spannungskopfschmerzen und Migräne
- Einschlafschwierigkeiten und Schlafstörungen
- Nervosität, Hyperaktivität
- Gereiztheit, Aggression
- Depression

Die Progressive Muskelentspannung

Atmen Sie und spannen Sie Ihren Kopf, Gesichtsmuskel, die lass das Gefühl deinen ganzen Körper bis hoch zum Kopf einnehmen. Beim Ausatmen stellen Sie sich vor, dass sich ein entspanntes Gefühl in Ihnen ausbreitet. So als ob ein neuer, frischer Strom der Entspannung von oberhalb des Kopfes auf Sie herabströmt und sich mit dem warmen, entspannten Gefühl verbindet, welches von oben nach unten alle Anspannung von Ihnen abfallen lässt. Spannen Sie nun die Schultern, den Schultergürtel und die Arme an und lassen Sie wieder los. Anspannen und loslassen. Lassen Sie die Entspannung bis in die Schultern fließen und von dort in Arme und Hände. Alle Belastungen fallen von Ihren Schultern ab und werden abgeleitet. Das Gefühl der Erleichterung und Entspannung bleibt.

Nehmen Sie einen weiteren tiefen Atemzug, spannen Sie Ihren Bauch, Ihren Unterleib, die Hüfte so stark wie möglich an. Wenn Sie entspannen, stellen Sie sich vor, dass dieses warme, entspannte Gefühl bis zu Ihrer Taille hinunter strahlt.

Atmen Sie erneut tief ein, spannen Sie die Oberschenkel, Knie und Waden so fest Sie können an und stelle Sie sich vor, dass alle Anspannung von Ihnen abfällt. Fühlen Sie das warme, entspannte Gefühl bis zu Ihren Knien.

Atmen Sie tief ein und lenken Sie Ihre Aufmerksamkeit auf die Füße. Richten Sie Ihre Aufmerksamkeit auf Ihre Füße. Nehmen Sie sie einmal bewusst wahr. Wie fühlen sie sich an? Gehören Sie ganz zu Ihnen, sind sie kalt, schwer oder leicht? Während Sie ausatmen, stellen Sie sich vor, wie ein Strom der Entspannung durch Ihren Körper strömt und Sie spüren, wie er alle Anspannung löst und sie durch Ihre Fußsohlen ausscheidet. So macht er Platz für neue, erfrischende Energien. Widmen Sie diesem wunderbaren Gefühl Ihre ganze Aufmerksamkeit. Wiederholen Sie den Ablauf sooft Sie wollen. Die Übung wird umso wirkungsvoller, je geübter und gelassener Sie sie ausführen.

Die energetische Ebene
Um blockierte Energie im Körper wieder ins Fließen zu bringen, dient das Atmen als verwirklichende Kraft. Die Atmung ist viel mehr als nur eine physiologische, automatisch ausgeführte Funktion des menschlichen Organismus. Alle Aspekte des Atemprozesses können bewusst reguliert werden. Bestimmte Atemtechniken können zur Veränderung ungesunder Atemgewohnheiten beitragen und haben dementsprechend eine große Bedeutung für die Kraftwahrnehmung und –erweiterung. So ist die Technik der vertieften und langsamen Bauchatmung eine sehr effektive Methode um Stressreaktionen zu lindern und die körperliche Ruhe zu fördern. Alle Übungen soll sanft und achtsam ausgeführt werden.

Die Ballon-Bauchatmung
Sie sitzen gerade aufgerichtet auf einem Stuhl, die Füße stehen etwa hüftweit auseinander und berühren den Boden. Legen Sie Ihre Hände locker auf den Schoß oder

Ihre Oberschenkel. Konzentrieren Sie sich auf ihre Fingerspitzen und probieren Sie den Pulsschlag in den Fingerspitzen wahrzunehmen (Abb. 4.5).

Stellen Sie sich beim Einatmen einen Ballon in Ihrem Bauchraum vor. Vielleicht macht sich bereits jetzt ein Hitze- oder Wärmegefühl bemerkbar. Wenn nicht, bleiben Sie einfach mit Ihrer Aufmerksamkeit auf die Mitte Ihres Bauches und den Nabel gerichtet.

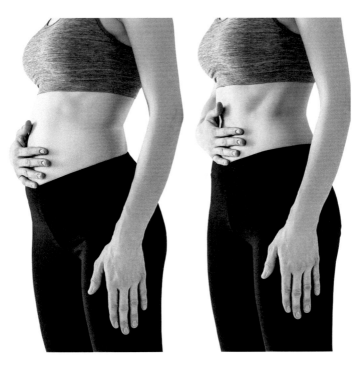

Abb. 4.5 Energetische Übung Ballon- Bauchatmung. (Quelle:123rf)

Beim Einatmen durch die Nase wird der Unterbauch weit, lassen Sie ihn sich richtig nach außen wölben. Stellen Sie sich innerlich einen blauen Luftballon in ihrem Bauch vor, der sanft und langsam mit Luft gefüllt wird. Dann atmen Sie kräftig aus und ziehen dabei den Unterbauch wieder ein, so als ob Sie den Nabel flach zur Wirbelsäule ziehen; die Brust und der Körper bleiben dabei ganz entspannt. Stellen Sie sich vor, wie Sie die Luft aus dem Luftballon vollständig herauslassen.

Diese Übung wiederholen Sie 18 bis 36-mal.

Die Atmung ist wie eine gute Massage für die Organe, vor allem für die Nieren und die Blutgefäße (Aorta und Hohlvene), die das Blut zum Herzen leiten und von dort zurück in den Körper. Dadurch werden festgehaltene Energie und Giftstoffe gelöst. Danach spüren Sie die Entspannung sofort. Ruhen Sie, indem Sie normal und tief atmen.

Die mentale Ebene

Der Mentalkörper ist in der Lage, ungesunde Gedankenmuster zu erkennen und zum Positiven zu verändern. Durch die sieben Säulen der Resilienz steigern Sie Ihre mentale Widerstandsfähigkeit.

Resilienz bezeichnet die psychische Widerstandsfähigkeit gegenüber bestimmten Entwicklungsrisiken. Anders als etwa der Erfolg zeigt sich die Resilienz erst unter ungünstigen bis widrigen Umständen. Sie wird dann erkennbar, wenn eine risikoträchtige Situation positiv bewältigt wird.

Die Erfahrung beständiger Kompetenz, mit Stress positiv umzugehen, mildert ihn. Die menschliche Befähigung zur Resilienz nimmt dem Risiko seinen Schrecken, das Netz psychischer Widerstandsfähigkeit wird dadurch immer fester und haltbarer.

Resilienz wird normalerweise in der Kindheit erworben, doch bleibt sie trainierbar. Wichtigster Punkt dabei: unsere Gedankenwelt. Das, was sich da so windet und dreht in unseren Köpfen bildet unsere Realität im Außen.

Nachfolgend stehen die sieben Resilienzfaktoren als Affirmationen aufbereitet. Dies dient Ihnen als Grundlage für die Anwendung einer mentalen Technik, der kurzen Selbsthypnose.

Die Übung Resilienz

Sie kommen nach Hause und lassen den Tag kurz Revue passieren. Suchen Sie sich eine Säule der Resilienz aus, die Ihnen am nächsten Tag Ihre Meinung nach voraussichtlich helfen kann.

Suchen Sie sich die Säule aus, von der Sie glauben, dass Sie Ihnen bei der Lösung Ihres Problems helfen kann. Gehen Sie im Kopf für sich durch und verfestigen Sie mithilfe der Fragen den einzelnen Resilienzfaktor. Spielen Sie im Kopf Kino eine Situation, bei denen Ihnen eine Säule hilft durch und stellen Sie sich den gewünschten Endzustand vor. Jedes noch so schwierige Problem im Berufsleben lässt sich in der Regel lösen. Die Ausgestaltung Ihrer persönlichen Bilder obliegt Ihnen.

Das Bewusstsein fragt das Unterbewusstsein, wie Sie Ihre Probleme am besten meistern können. Wie ein Skifahrer im Vorfeld die Piste in Gedanken abfährt und dabei alle seine Schwünge und Unebenheiten berücksichtigt, können Sie schwierige Aufgaben im Vorfeld mental Tag für Tag meistern.

Optimismus

Ich bin ein positiver Mensch. Ich glaube daran, dass es immer einen Weg gibt, auch wenn es aktuell noch so schlecht aussieht. Dabei bleibe ich jedoch realistisch und hebe nicht ab. Ich denke nicht in Problemen, sondern lösungsorientiert.

Stellen Sie sich vor, Sie sind ein Optimist

Akzeptanz

Ich leugne schwierige Situationen nicht. Ich lasse mir Zeit um die Situation anzunehmen, zu begreifen und zu verarbeiten. Wenn es sich um einen veränderbaren Zustand handelt, suche ich nach Lösungen. Zur Akzeptanz gehört auch das Loslassen. Dinge, Ideen, Freundschaften, ja auch Menschen. Alles das was mit schmerz verbunden ist und Energie raubt statt zu spenden. Das mag egoistisch erscheinen und das ist es auch, allerdings im besten aller Sinne. Denn ich sorge für mich und weiß, dass sich nichts festhalten lässt, was nicht „bleiben" will.

Unabhängig was passiert – Sie sind gelassen!

Zielorientierung

Ich habe ein klares Ziel vor Augen oder setze eine Berufung für mein Leben. Ich habe Freude daran, jeden Tag diesem Ziel näher zu kommen. Ich beachte aber dabei, dass die Ziel zu mir passt und ich auch innerlich hinter meinen Zielen stehen kann.

Sie arbeiten jeden Tag an Ihrer Berufung – Ihren Lebenstraum!

Selbstwirksamkeit und Selbstregulation

Welche Ressourcen besitze ich bereits oder darf ich mir aneignen, um meinen Lebensaufgaben zu bewältigen. Es ist mir wichtige durch meine Fähigkeiten etwas zu bewegen, verändern oder zum Besseren zu lenken.

Sie setzen Ihre Lebensaufgaben in die Tat um!

Empathie

Ich verfüge über eine hohe soziale Kompetenz. Ich kann gut zuhören und mich in Menschen hineinversetzen. Auch deshalb behalte ich in stressigen Situationen, in die andere Menschen involviert sind, einen klaren Kopf und ein großes Herz.

Sie dürfen menschlich sein!

Impulskontrolle

Ich lasse positive Gefühle über die negativen siegen. Dabei geht es nicht darum meine Gefühle zu unterdrücken, sondern nicht Spielball meiner eigenen Emotionen zu sein. Ich lasse meine schlechte Laune, die auch ich mal haben kann, nicht an anderen aus.

Sie sind der Herr, die Frau Ihrer inneren Welt!

Kausalanalyse

Ursachen setzen Wirkungen. Ich bin achtsam im Umgang mit und Anderen. Ich versuche mit einer guten Absicht, gute Ursachen zu setzen. Ich schaffe mir eine Welt – nicht unbedingt, wie sie mir gefällt, aber so, dass ich innerlich einverstanden bin. Ich halte mein Schicksal in meiner Hand und ich übernehme Verantwortung.

Sie übernehmen Verantwortung!

Netzwerkorientierung

Ich bin nicht alleine auf dieser Welt und muss mir auch als Einzelkämpfer nichts beweisen. Mich zu vernetzen macht Sinn. Das älteste Netzwerk ist die Familie. Das ist in seiner Tiefe zumeist altruistisch aufgebaut und das gilt es mit zunächst Fremden zwar nicht nachzuahmen, aber das Prinzip durchaus zu adaptieren. Weitere Netzwerke sind Ihre Freunde, Bekannte, Kollegen, Geschäftspartner.

Sie sind ein soziales Wesen!

Suchen Sie sich für heute den Resilienzfaktor aus, der Ihnen am meisten hilft.

Die unterbewusste Ebene

Das Unterbewusstsein zu kontrollieren ist ein Menschheitstraum, um in Übereinstimmung von Wahrnehmung und Handlung zu kommen. Es gibt auch Mittel und Wege, um die Wahrnehmung dafür zu steigern.

Eine davon ist die Entspannungstechnik des „Inneren Lächelns" nach dem Großmeister Mantak Chia (Chia 2009). Diese Meditation wird mit der Zeit des Übens immer mehr zu einer inneren Grundhaltung: uns selbst und der Welt, in der wir leben, in jeder Situation lächelnd und mit Respekt und Liebe zu begegnen. Sie beginnt mit einem bewusst hervorgebrachten Lächeln mit der Absicht uns selbst Zuneigung zu schenken (Abb. 4.6).

Die lächelnde Energie aus unseren Augen leiten wir mithilfe unserer Aufmerksamkeit nach innen und durch

Abb. 4.6   Unterbewusste Übung Inneres Lächeln. (Quelle: rt123)

den ganzen Körper. Dadurch lächeln wir sogar in unsere Organe hinein, aber auch in unser Gehirn und unsere Knochen. Das Innere Lächeln verhilft uns zu mehr Achtsamkeit gegenüber unserer Physiologie. Sich jedes einzelnen Teils unseres Körpers bewusst zu erfreuen, mag neu für Sie sein, aber es wirkt nachhaltig auf Ihre Gesundheit und Vitalität. Die Systeme unserer Körper arbeiten so perfekt zusammen, dass wir sie erst dann wahrnehmen, wenn diese Perfektion Probleme bekommt. Es geht beim Inneren Lächeln darum, dies umzukehren und sie bereits als das Orchester wahrzunehmen, welches uns harmonisch leben lässt. Dass ein äußeres Lächeln positive physiologische Reaktionen in Gang setzt, ist bekannt – ein Inneres Lächeln tut Gleiches. Es bringt uns mit unserem Körper auf wohlwollende Weise in tiefen, liebevollen

Kontakt. Verspannungen lösen sich und das Immunsystem wird gestärkt. Wenn wir so nach innen lächeln, bringen wir frische Energie in unser System und die Organe, es wirkt heilsam und verjüngend.

Die Übung – Inneres Lächeln

Machen Sie es sich bequem und: Lächeln Sie! Zu Anfang kann es helfen, ganz bewusst die Mundwinkel etwas nach oben ziehen, so als dächten Sie an etwas ganz Besonderes. Was Sie nun ja auch tun – nämlich an sich. Denn nun lächeln Sie sich selbst zu. In alle Teile Ihres Körpers, die Ihnen einfallen: Gehen Sie in Gedanken die Organe durch und lächeln Sie jedem einzelnen zu. Jedes einzelne hat Ihre Aufmerksamkeit verdient. Denn es erledigt Tag für Tag einen harten Job. Wenn Sie sich zu Beginn der Übung angespannt oder unwohl fühlen, dann lächeln Sie, bis Sie anfangen, sich zu entspannen oder sich leichter zu fühlen.

Sie können das Lächeln auch noch verstärken, indem Sie Ihren Körperteilen Dankbarkeit ausdrücken, weil sie Ihnen helfen, gesund und stark zu sein. Auf diese Weise gelangt das Innere Lächeln bis in jede Ecke Ihres Körpers und füllt Sie irgendwann ganz aus und bringt Ihnen Ruhe und Energie.

Das Lächeln fließt von dem Punkt zwischen den Augen durch das Gesicht und entspannt die Wangen, die Nase, den Mund und alle Gesichtsmuskeln. Lassen Sie es weiter fließen, hinunter zum Hals. Ein leichtes Kopfrollen von einer Seite auf die andere kann dabei hilfreich sein.

Das Lächeln fließt weiter bis zur Thymusdrüse hinter dem oberen Bereich des Brustbeins. Sie strahlt vor Gesundheit Sie spüren, wie sie warm wird, wie eine Blüte vibriert und sich öffnet.

Um die Herzenergie zu aktivieren, pressen Sie mit beiden Daumen bei verschränkten Händen leicht gegen das Herz-Zentrum. Spüren Sie, wie die warme Energie des Lächelns sich von der Thymusdrüse zum Herzen ausbreitet Ziehen Sie aus der Quelle des Lächelns über das Dritte Auge noch mehr Energie ein und lassen Sie sie wie einen Wasserfall zum Herzen fließen. Dadurch entstehen die positiven Energien der Freude und des Glücks. Verweilen Sie hier so lange, bis sich Ihr Herz entspannt und durch die liebende Energie aufblüht wie eine Blume. Erinnern Sie sich an Ihr schönstes Liebeserlebnis, sei dies nun emotionaler oder spiritueller Natur, und erleben Sie das gleiche Gefühl noch einmal. Lieben Sie Ihr Herz! Das Herz wird auch mit den negativen Emotionen der Ungeduld, Hast, Arroganz und Grausamkeit assoziiert. Lächeln Sie Ihrem Herzen zu, und diese unerwünschten Energien werden sich umwandeln und Raum schaffen für die positiven Energien der Liebe und Freude. Lächeln Sie Ihrem Herzen so lange zu, bis es zurücklächelt.

Die Freude und das Glücksgefühl, welches jetzt Ihr Herz durchströmt, fließen nun weiter in die Lunge Mit der Energie des Glücks und des Lächelns wird Ihre Lunge immer offener und weiter. Wer visuell veranlagt ist, kann mit seinem Inneren Auge die Lunge betrachten, Gefühlsmenschen spüren, wie sie sich mit positiver Energie füllt. Die beiden Lungenflügel können sich rosa und wie ein Schwamm anfühlen oder auch einfach voll bis zum Überlaufen. Wenn in Ihrer Lunge noch etwas ist, was für Sie nicht stimmig ist, können Sie dies jetzt loswerden. Nehmen Sie mit jedem Atemzug mehr Qi auf, damit reinigen Sie die Lunge von allem energetischen, emotionalen und physischen Schmutz. Sie können spüren, wie die Luft durch die Nase in die Lunge strömt, bis in die winzigen Lungenbläschen, wo der Austausch von Kohlendioxid und Sauerstoff stattfindet. Danken Sie Ihrer Lunge dafür, dass sie für Sie atmet und Sie am Leben erhält. Ihr ganzer Brustraum sollte nun mit der Energie des Lächelns und der Liebe gefüllt sein. Die Lunge steht milden negativen Emotionen der Traurigkeit und Depression in Verbindung. Lächeln Sie Ihrer Lunge zu, und wandeln Sie damit negative Gefühle und Traurigkeit um; dadurch entsteht Raum für dir positiven Energien des Mutes und der Rechtschaffenheit.

Lenken Sie nun die Energie weiter nach unten in die Leber sie ist das größte Organ des Körpers und befindet sich unterhalb des rechten Lungenflügels, direkt unter dem Rippenbogen. Spüren Sie, wie auch Ihre Leber sich mit der positiven, liebevollen Energie des Lächelns auflädt. Die Leber steuert das Sehvermögen. Nehmen Sie mit Ihrem inneren Auge die Leber wahr. Wie sieht sie aus? Eine gesunde Leber hat eine glänzende weiche Oberfläche. Mit Ihren Augen können Sie eventuell verspannte Teile entspannen. Danken Sie Ihrer Leber dafür, dass sie Ihren Körper entgiftet und Blut und Gallenflüssigkeit aufbaut. Die mit der Leber verbundenen Emotionen sind Wut auf leinen und Freundlichkeit auf der anderen Seite. Durch das Innere Lächeln transformiert sich die Wut sodass sich die positive, freundliche Energie ausbreiten kann. Die Chinesen glauben, dass dadurch auch die Entscheidungskraft gestärkt wird.

Lächeln Sie Ihren Nieren zu, und spüren Sie, wie sie sich mit strahlender Energie aufladen. Wenn Sie wollen, können Sie mit Ihrem Inneren Auge nachschauen, ob sie in Ordnung sind. Die Oberfläche sollte glatt und glänzend sein, damit sie ihre Filteraufgaben ohne Probleme wahrnehmen können. Mit dem Lächeln schwindet die Angst und macht Güte und Sanftheit Platz. Mit jedem Lächeln baut sich mehr Energie auf, bis die Nieren überfließen.

Nun gehen Sie mit Ihrer Aufmerksamkeit zur äußeren Quelle des Lächelns zurück. Seien Sie sich dabei des Punktes zwischen Ihren Augen bewusst, und nehmen Sie noch mehr lächelnde Energie in sich auf. Sie strömt durch das Dritte Auge in Ihren Körper und fließt wie ein Wasserfall nach unten in alle Organe. Lassen Sie Ihre Organe – die Thymusdrüse, das Herz, die Lunge, die Leber, die Bauchspeicheldrüse, die Milz, die Nieren, die Harnblase und die Sexualorgane – noch ein Energiebad nehme. Wahrscheinlich fühlen Sie sich jetzt sehr ruhig und friedlich.

Die seelische Ebene
Imagination dient hervorragend der Vertiefung von Entspannung und Erholung. Imaginationsverfahren von inneren Fantasiebildern oder Visualisierungen und deren Heilkraft, haben schon seit Jahrhunderten eine große Bedeutung für die Menschen. Auch in der Psychotherapie benutzt man innere Bilder schon lange, um in Kontakt mit dem eigenen Unbewussten – unseren seelischen Tiefen – zu kommen. Die Neurobiologie hat nachgewiesen, dass sich das Gehirn je nach Art und Intensität der Nutzung verändert bzw. sich neu vernetzt. Dabei konnte auch gezeigt werden, dass im Gehirn dieselben Neuronenverbände mit nahezu derselben Intensität aktiviert werden, unabhängig davon, ob man eine Situation tatsächlich

erlebt oder nur imaginiert. Gelingt es zum Beispiel, sich intensiv einen Ort vorzustellen, der Sicherheit verspricht, spürt man in diesem Moment auch ein Gefühl von Sicherheit und Geborgenheit und das verarbeitet diese Erfahrung von Sicherheit und Geborgenheit so, als ob man gerade wirklich an einem sicheren Ort wäre.

Die Übung Der sichere Platz

Erinnern Sie sich an eine Zeit in Ihrem Leben in der Sie sich unendlich geborgen und sicher gefühlt haben. Dies kann lange zurückliegen und in der Kindheit gewesen sein, ein Urlaubs- oder, auch ein spirituelles Erlebnis gewesen sein. Falls Ihnen mehrere Erlebnisse einfallen nehmen Sie dies, bei dem Sie am meisten die Vorstellung der Geborgenheit erlebt haben. Ist ein sicherer Ort nicht vorstellbar, versuchen Sie sich einen Ort vorzustellen, an dem Sie sich zumindest wohl fühlen. Malen Sie sich in Gedanken diesen Platz aus. Versuchen Sie vor allem das Gefühl der Sicherheit und Geborgenheit zu spüren. Verbleiben Sie, wenn möglich in diesem Gefühl. An Ihrem sicheren Ort sollten reale Menschen (auch geliebte) keinen Zutritt haben (Abb. 4.7).

Schließen Sie Ihre Augen und atmen Sie ein und aus. Entspannen Sie sich und geben Sie sich innerlich die Erlaubnis, anzukommen und in eine tiefe und gesunde Entspannung abzugleiten. Sie stellen sich vor, wie der Ort aussieht. Richten Sie ihn sich so ein, wie es für Sie stimmig ist. Ob karg oder gemütlich – das bestimmen alleine Sie.

Nun vertrauen Sie Ihren Verstand einer guten Macht an. All Ihre Gedanken dürfen in einen tief erholsamen Zustand der tiefen Entspannung gleiten. Eine Entspannung, die bis in den letzten Winkel Ihres Gehirns geht.

Abb. 4.7 Seelische Übung, Meditation sicherer Platz. (Quelle:123rf)

Nehmen Sie den Mittelfinger Ihrer Hand, die Sie spontan nehmen möchten, drücken Sie mit dem Mittelfinger dieser Hand ca. 10 s fest auf einen Punkt in der Mitte der Stirn. Dann lassen Sie den Arm nach unten gleiten. Spüren Sie mit geschlossen Augen auf den Punkt in der Mitte Ihrer Stirn hinein. Je intensiver Sie an die Innere Macht denken, umso tiefere Erfahrungen werden Sie empfangen.

Genießen Sie diesen Zustand eine Weile.

Als Alternative zu dem sicheren Ort können Sie auch darüber meditieren, was für Sie jetzt gerade wichtig ist. Fällt es Ihnen schwer sich zu konzentrieren und hüpfen Ihre Gedanken hin und her, dann stellen Sie sie sich doch mal als wild umherspringendes Äffchen vor – wahllos und unkontrolliert. Und nun fangen Sie diesen Gedanken-Affen ein – setzen ihn fest und schließen ihn in hinter Schloss und Riegel. Sich darauf zu konzentrieren, nimmt schon einem großen Teil der inneren Reizüberflutung die Bedeutsamkeit und Sie gewinnen wieder Raum für das Gefühl innerer Achtsamkeit. Benennen Sie dieses Gefühl nun ganz bewusst – so kann es sich nicht so leicht wieder verflüchtigen. Was wünschen Sie sich, was steht in Ihrem Leben gerade an oder was kommt einfach zu kurz? Ist es Frieden, Klarheit, Respekt oder Aufmerksamkeit? Hören Sie in sich hinein und Sie werden eine Antwort bekommen.

Diese Achtsamkeitsübung hilft Ihnen wieder zu sich selbst zu kommen, falls Sie etwas aus der Bahn geworfen hat.

4.5   Give yourself five

Wie wird jeden Tag nur ein kleines bisschen auf den 5 Ebenen für sich zu tun zur positiven Gewohnheit?

Schauen Sie einfach jeden Morgen und jeden Abend kurz auf die fünf Finger Ihrer Hand und überlegen Sie sich, ob Sie etwas für sich persönlich auf den fünf Ebenen getan haben.

Apropos Hand: Sehen Sie die fünf Ebenen als Wirkkraft, die es zu feiern gilt! Es geht um Ihre Gesundheit. Wie effektiv das Fünf-Ebenen-Modell auf jeder Ebene funktioniert, bestimmen Sie selbst. Als einfacher innerer Kompass, dass Sie auf dem richtigen Weg sind, geben Sie sich Ihr eigenes „High five". Immer dann, wenn Sie mit sich selbst zufrieden sind, weil Sie auf jeder der fünf Ebenen eine kleine Übung gemacht haben und sich.

Kommen Sie auf fünf Finger? Herzlichen Glückwunsch! Stress kann erst gar nicht aufkommen!

Sind es weniger, so fragen Sie sich: Liegt dies daran, weil Sie auf den fehlenden Ebenen völlig ausgeglichen Sind? Dann ist alles gut. Wenn Sie aber ehrlicherweise erkennen, dass es andere Gründe hat: Zeitmangel, Unlust, Unwillen oder anderes, dann bitte ich Sie Ihre mangelnde Motivation noch einmal zu überdenken. Könnte da vielleicht ein kleines „Ja, aber" hinter stecken? Genau dieses gilt es liebevoll zu betrachten und als Aufgabe zur positiven Veränderung zu nutzen. Sie möchten Ihr eigener Anti-Stress-Trainer werden!

Motivieren Sie sich vor allem durch die Beglückwünschung zu Ihrem Erfolg – Sie erinnern sich? High five ist die Devise. Wenn Sie ein Problem oder ein schwierige Situationen gelöst haben, klatschen Sie sich innerlich selbst ab, und sagen Sie zu sich: Give me five!

Literatur

Chia M (6. April 2009) Tao Yoga des Heilens: Die Kraft des Inneren Lächelns und die Sechs Heilenden Laute. Dresden. Heyne

Jacobson E(1990) Entspannung als Therapie. Progressive Relaxation in Theorie und Praxis. Aus dem Amerikanischen von Karin Wirth (7. Aufl). Klett-Cotta, Stuttgart

Klinghardt D (1. März 2015) Handbuch der Mentalfeld-Techniken: Bilder, Klopfakupressur und heilende Sätze in der Praxis. Kirchzarten, VAK

5

Die Fünf Elemente und ihre Wandlungsphasen

Ohne Wandel, Innovation und ständige Anpassung an Bedingungen des Marktes, der Globalisierung und Digitalisierung, sind Firmen nicht mehr konkurrenzfähig. Das ist nicht aufzuhalten und das wäre auch nicht mein Anliegen. Aber heute ändert sich die Qualität des Fortschritts, da er die Mitarbeiter mit immer höherer Geschwindigkeit und immer komplexeren, unnatürlicheren Aufgaben fordert. Dabei geht es um die Kompetenz jedes Mitarbeiters, neuen Anforderungen und dem Wandel gewachsen zu sein. Veränderung ist immer ein Coming out of the Comfortzone und in der Regel für alle mit Energie und Stress verbunden. Die Anzahl der psychischen Erkrankungen und die Zahlen von Burnout Patienten sind ein wichtiges Indiz dafür, dass viele Mitarbeiter im wahrsten Sinne des Wortes auf der Strecke bleiben.

© Springer Fachmedien Wiesbaden GmbH, ein Teil von Springer Nature 2019
S. Assian, *Der Anti-Stress-Trainer für Personalverantwortliche*, Anti-Stress-Trainer, https://doi.org/10.1007/978-3-658-22599-5_5

Mitarbeiter sorgen sich, dass ihre Arbeitsplätze durch die zunehmende Digitalisierung und dadurch fortschreitende Rationalisierung verschwinden. Teams sollen ihre Projekte in immer kürzeren Zeiten abschließen. Viele wissen jedoch nicht, wie sie ihr Geschäftsmodell schützen, sichern und erweitern können, denn was heute gültig ist, ist morgen schon überholt. Nie zuvor tickte die Zeit schneller und waren die Probleme undurchsichtiger. Diese Fakten erzeugen Stress, weil neue Lösungen gefragt sind, weil sich neue Fragen stellen, weil sich die aktuellen Herausforderungen nicht mehr mit der persönlichen Wirksamkeit einer Führungskraft decken.

Also: alles neu? Die Fragen und Probleme, gewiss. Aber auch die Lösungswege? Oder gibt es vielleicht Antworten, die seit Jahrhunderten bekannt sind, jedoch noch nicht bis zu uns (allen) durchgedrungen sind.

Wir werden sehen.

5.1 Der Personalverantwortliche im Spannungsfeld des digitalen Wandels

Früher war alles etwas anders: Als Personalverantwortlicher schaltete man eine Stellenanzeige und wartete ab. Die Bewerbungen trudelten ein, wurden gesichtet und sortiert, Bewerber eingeladen und wieder von der Liste gestrichen oder einen Schritt weitergeleitet. Es wurde weiter selektiert und zentriert, Tests konzipiert und durchlaufen, Sympathie und Fachkompetenz ausbalanciert und irgendwann die Entscheidung getroffen. Das Nadelöhr Personalauswahl hatte es wieder einmal geschafft und den tauglichsten Kandidaten herausgefiltert.

Und heute?
In der heutigen Zeit existiert kaum ein Prozess in der Personalabteilung, der nicht unter dem Einfluss der Digitalisierung steht. Insgesamt bieten die mit dem digitalen Wandel einhergehenden Umwälzungsprozesse, die sowohl die Wirtschaft als auch die Gesellschaft tiefgreifend verändern, große Chancen. Zum einen gestaltet sich das Rennen um die qualifizierten Young-Professionals komplexer, zum anderen hat es sich ins Internet verlagert. Die Bewerbungen fliegen nicht mehr in Fülle auf den Schreibtisch der Personalverantwortlichen. Sie für das eigene Unternehmen zu gewinnen, ist eine der großen Herausforderungen an das Recruiting. Dabei gilt es nicht nur, den ausgetretenen Pfad herkömmlicher Stellenanzeigen und Jobmessen zu verlassen und die technologischen Möglichkeiten der Plattformen von heute, wie Personaldatenbanken, Soziale Medien, Internetjobbörsen usw. zu nutzen.

Das Thema ist jedoch umfassender: Personalverantwortung ist die Basis und ein wichtiges Instrument der Unternehmensentwicklung. Die Zeiten bloßen Stellenbesetzens und das Schreiben von Verträgen sowie Kündigungen und Zeugnissen sind längst vorbei. Wer dies nicht erkennt und nicht aus dem Schatten der Personalakten heraustritt, wird einen klaren Wettbewerbsnachteil bei der Gewinnung der Young Graduates erleiden. Big Data sinnvoll nutzen, wird helfen die geeigneten Mitarbeiter zu finden.

Die Herausforderungen, vor denen wir alle stehen, sind immens. Hieß es gefühlt gestern noch: „Sorgt ihr für eine reibungslose Administration, der Rest wird schon", sind es heute „maßgeschneiderte Recruiting-Konzepte" und eine insgesamt viel bessere Personalentwicklung, die erwartet werden. Es gilt aus der Komfort-Zone herauszukommen und proaktiv zu agieren.

Auch oder gerade gegen Widerstände der eigenen Belegschaft, aber auch der Vorgesetzten. Selbst im Spannungsfeld des Kommenden zu stehen und gleichzeitig die existenziellen Ängste der Mitarbeiter als sozialen Sprengstoff zu erleben und zum Prellbock benutzt zu werden, ist entweder purster Stress, der zum Qi-Burnout führt, oder es kann als eine exzellente Chance wahrgenommen werden, den Wert guter Personalarbeit deutlich zu machen.

Die vielseitigen Veränderungen vor denen wir stehen, bedürfen einer systematischen Vorbereitung und Begleitung. Hier liegt die entscheidende Rolle im Change-Management-Prozess der Personalabteilungen, insofern die Veränderungen von der Geschäftsleitung gewünscht und mitgetragen werden. Worum sie jedoch nicht herumkommen werden.

Digitalisierung ist eben nicht nur ein Trend, sondern als ständiger Prozess in den Unternehmen angekommen. Kaum ein Unternehmen kann sich der Top-Entwicklungen entziehen. Wer die Trends der Industrie 4.0, Cloudcomputing, Künstliche Intelligenz oder vergleichbare Umbrüche vernachlässigt, wird abgehängt.,

Virtuelle Produkte, Märkte und Dienstleistungen werden reale Produkte verdrängen und vollkommen andere

Anforderungen an die Mitarbeiter stellen. Ein Beispiel für virtuelle Produkte, die den Markt revolutionieren werden, sind die Kryptowährungen. Sie können bereits jetzt viele Produkte und Dienstleistungen virtuell ein- und verkaufen. Eine Kryptowährung ist nichts anderes, als eine Kette von Bytes (Blockchain). Der eigentliche reale Wert wird durch den Glauben der Internetcommunity an Angebot und Nachfrage in der virtuellen Welt bestimmt.

Das Ziel vieler virtueller Innovationen besteht darin Dienstleistungen und Produkte, die bislang auf die Steuerung durch ihre menschlichen Besitzer angewiesen waren, zu optimieren und komplett zu übernehmen. Mithilfe der künstlichen Intelligenz und der autonomen Integration durch das Internet wird ihnen eine Art Eigenleben eingehaucht werden, sodass sie durch die Vernetzung über ihren alltäglichen Gebrauchswert hinauswachsen.

In Zukunft ist es vorstellbar, dass im Internet der Dinge autonome Maschinen, die über Künstliche Intelligenz gesteuert werden, den Einkauf und Verkauf von Produkten oder Dienstleistungen direkt über Kryptowährungen abwickeln. Ein- und Verkäufer müssen sich komplett neue Fähigkeiten aneignen und ihre Arbeitsweise den neuen Gegebenheiten anpassen. Bei diesen Technologien entfällt der Daseinszweck eines Mittlers, also von Banken und Notenbanken, die heute im Mittelpunkt der Zahlungen stehen. Sie würden in einer Welt, in der alle Menschen mit Kryptowährungen bezahlen, schlichtweg überflüssig.

Zudem entwickeln sich komplett neue Märkte in den virtuellen Welten. Die Unternehmen, die rechtzeitig diese Entwicklungen erkennen und ihre Geschäftsprozesse und Mitarbeiter als Pioniere auf diese Entwicklungen einstellen, werden von den höheren Wettbewerbschancen und neuen realen und virtuellen Märkten profitieren.

Manager müssen solche Trends proaktiv erkennen und benötigen hochqualifizierte Mitarbeiter, die das notwendige Spezialwissen mitbringen oder diese Visionen adaptieren und umsetzen können.

Unabhängig davon, welche technischen Veränderungen eintreten werden, in letzter Konsequenz sind es Menschen, die wie in einer Symbiose die neuen Technologien in den Unternehmen in die Realität umsetzen. Menschen erfinden, programmieren, bilden weiter, optimieren, warten, reparieren – Auch in Zunft sind sie schlicht für die Funktion auch der neuesten Systeme verantwortlich.

Der erste Prototyp des Bewerbungsroboters heißt Matilda. Sie kann nicht nur die Bewerbungsunterlagen analysieren, sondern auch gleich das Bewerbungsgespräch führen. Die Auswertung erfolgt anhand eines komplizierten Algorithmus. Für Matilda wurden von australischen Wissenschaftlern insgesamt 76 Fragen entwickelt. In einem halbstündigen Gespräch werden die Bewerber zu Motivation, Karrierezielen, Stärken und Schwächen befragt. Der Computer ist gar in der Lage, Gefühle zu interpretieren. Kameras zeichnen während des Gesprächs nicht nur Gesprochenes, sondern auch Mimik und Gestik des Interviewten auf. Matilda erkennt Emotionen in den Gesichtern der Bewerber und kann spontan auf sie reagieren. Aus der Kombination von Antworten und Emotionen entsteht schlussendlich ein Bild des Bewerbers. Die Künstliche Intelligenz von Mathilda verspricht die Bewerber besser in Hinblick auf das Stellenprofil auszuwählen und dessen Stärken und Schwächen objektiver zu beurteilen. (2011 www.latrobe.edu.au).

Ob ein digitales Programm ein Personalroboter jemals in der Lage sein wird, einen Bewerber umfassend zu beurteilen, kann hier dahingestellt bleiben – Fakt ist, der Mensch ist es selbst, der angeblich fortschrittliches Denken in schematische Bewerberinterviews gefasst hat. Wir werden nicht von Künstlicher Intelligenz überrollt – wir kreieren sie als Werkzeug.

Und auch, wenn es noch lange nicht so weit sein wird, humanoide Roboter standardmäßig Einzug in die Personalverwaltung der Konzerne halten, kann es nicht schaden, sich dazu früh genug eine Meinung zu bilden, wie man dann im jeweiligen Fall damit umgehen sollte. Bei aller Unsicherheit hierüber wissen wir doch, dass der Faktor Mensch, weil er in letzter Konsequenz die Verantwortung übernehmen muss, mehr denn je auch zukünftig den Unternehmenserfolg ausmachen wird.

In Kap. 2 haben wir gesehen: Fähigkeiten wie Empathie, Netzwerkkompetenz und Bindungsmanagement sind wichtige Kernkompetenzen eines Personalverantwortlichen. Er muss die mitarbeitenden Menschen mit der Unternehmensstrategie vernetzen können, sonst bringt die beste Strategie nichts. Nur so kann die wertvollste Ressource gesichert werden: das sogenannte „Human Capital". Dabei bedeutet Human Resources 4.0 kein „Verwalten von Mitarbeitern oder Personalakten" mehr, sondern proaktive Dienstleistung im Unternehmen und strategische Partnerschaft der Geschäftsführung. Es gilt neue, vielversprechende Mitarbeiter zu gewinnen und bestehende Talente zu fördern.

Denn die Einstellung von perfekt für den ausgeschriebenen Job ausgebildeten Mitarbeitern wird immer mehr zu einer Utopie. Der Schlüssel zum Umgang mit der Digitalisierung kann nicht komplett im Austausch der Mitarbeiter liegen, sondern darin, vorhandenes Fachpersonal durch neu eingeführte Lernmethoden und Motivationsprogramme weiterzuentwickeln. Die Zeit des Wandels, in der wir uns befinden, nicht nur der Arbeitswelt, bedeutet für die Zukunft Marktchancen und -risiken: Es werden insgesamt agilere und flexiblere Reaktionsmuster benötigt – was sich wiederum auf das Personalgefüge und die Planung dessen auswirkt. Wir müssen zudem davon ausgehen, dass die Zyklen in denen technische Systeme in den Unternehmen eingeführt werden müssen immer rasanter werden.

Cloudlösungen, Teamfunktionen in virtuelle Welten, autonome Systeme u.v.m. erfordern vollkommen neue Arbeitsabläufe. Sind die Mitarbeiter mit den Möglichkeiten der neuen Systeme nicht vertraut bzw. mit der praktischen Handhabung überfordert, können sie nur einen Bruchteil der sinnvollen Funktionen nutzen. Damit werden Sie selbst zum aktiven Mitgestalter dieser Prozesse. Die ständige Notwendigkeit und Bereitschaft zur Weiterbildung wird dabei für alle immer mehr zur Selbstverständlichkeit. Inwieweit jeder einzelne Mitarbeiter fachlich, aber auch innerlich so flexibel sein wird, die nächsten Technologieschritte mit zu gehen, wird zur Herausforderung für jeden Einzelnen und die Personalabteilung.

Das heißt: Neben Digitalkompetenzen, die sich auf die Realisierung digitaler Wertschöpfungspotenziale beziehen, gilt es, auch die sozialen Kompetenzen zu fördern, die das „neue soziale Miteinander" im Kontext von Kollaborationsplattformen und virtueller Zusammenarbeit maßgeblich befruchten. Diesen erheblich erweiterten Anforderungen können Sie nur gerecht werden, wenn Sie effiziente Abläufe etablieren. Entscheidend ist, dass die Personalabteilung nicht nur selbst Teil des Prozesses ist, sondern ob sie ihn maßgeblich mitgestaltet. Im Grunde genommen haben die Unternehmen und Ihre Mitarbeiter keine Wahl: Sie können die Welle reiten oder werden von ihr mitgerissen.

Sie sind als Teil des Ganzen, mit großer Verantwortung und Legitimation, eines der wichtigsten Räder im Getriebe. Sich dabei selbst zu behaupten UND die Mitarbeiter durch diese spannenden Zeiten zu führen und gleichzeitig darauf zu achten, die Mitarbeiter beim Wandel aktiv im Boot zu haben ist eine riesige Herausforderung.

Dafür ist es wichtig ganz klar zu sehen, dass die Entwicklungsbeschleunigungen definitiv eintreten werden. Wir können sie nicht verhindern, aber wir können den Grad beeinflussen, wie sie uns beeinflussen.

Es muss sich auch oder gerade in der Zukunft lohnen, in Menschen zu investieren. Der technologische Fortschritt sollte immer dem Menschen dienen und sein Leben besser machen. Dies geschieht ja auch, denn es setzen sich überwiegend die Produkte und Dienstleistungen durch, die dem Menschen in irgendeiner Form nützen, gefallen, ihm helfen, und das Leben erleichtern.

Es sind nicht die neuen Technologien, die per se unmenschlich sind, sondern diejenigen die sie für Rationierung, in Konkurrenz zu menschlicher Arbeitsleistung, als krankmachende Entfremdung und aus reiner Profitgier einsetzen.

Neue Technologien, die die Menschen krankmachen und in schlechte Arbeitsbedingungen zwängen, können nicht nachhaltig bestehen. Ein Umdenken hat bereits begonnen und wirkt schon in vielen Bereichen. Der Ausstieg aus der Kernenergie hat die Energieversorger zu einem gravierenden Kurswechsel gezwungen. Auch der Dieselskandal zeigt die Konsequenzen nicht nur beim CO_2-Ausstoß.

Viele Menschen denken bereits nicht nur mit, sondern auch um. Doch bleiben Rationalisierung durch Automatisierung und Digitalisierung, Entwertung des Faktors menschliche Arbeit, Verschmutzung der Umwelt, gestiegener Leistungsdruck verbunden mit Burnout und die Entfremdung der Menschen globale Themen, die uns in den nächsten Jahrzehnten beschäftigen werden. Diesbezüglich darauf zu warten, dass „die da oben" es irgendwie richten, springt zu kurz. Es sind Faktoren, die von außen auf alle Menschen zukommen, doch ist jeder Einzelne aufgerufen, die Konsequenzen zu bewältigen.

Lösungen gegen Stress werden nicht von außen durch noch mehr technologische Errungenschaften kommen. Es gilt innere Modifikationen zu finden, die eine neues regulatorisches Gleichgewicht bewirken und für eine breite Anzahl Betroffener verfügbar werden.

Ich sehe die "Heilung" für jeden Einzelnen nur in mehr Menschlichkeit und Natürlichkeit und möchte auf den nächsten Seiten eine Möglichkeit anbieten, die diesen Weg maßgeblich unterstützen kann. Denn die Veränderungen vor denen wir stehen sind zwar enorm, aber nicht die ersten der Menschheitsgeschichte.

Immer schon gab es für den Menschen heftige Veränderungen, Kriege, Hungersnöte, schwerste existenzielle Erschütterungen. Und schaut man sich an, welche Menschen die mit welchen Mitteln am ehesten bewältigt haben, wird man nicht bei den neuen Technologien, sondern bei ganz „alten Wissen" fündig. Welches man vielleicht mit einem guten Wein vergleichen kann – da es, je älter es wird, umso mehr Bedeutung erlangt gerade in einer Zeit rasanter Veränderung.

Denn vor vielen Jahrhunderten entwickelten altchinesische Lehrer etwas, um bislang unerklärliche physiologische Veränderungen des menschlichen Organismus sowie die Zusammenhänge zwischen diesem und seiner Umwelt zu erklären: Die Fünf Elemente und ihre Wandlungsphasen. Sie brachten damit Ordnung in das Unverstandene und Unerklärliche vieler Vorgänge menschlichen (Da)Seins. Auch die spannenden Zeiten, vor denen wir unmittelbar stehen, entspringen dem ungeheuren Drang im Leben und Denken der Menschen, ständig Neues zu suchen und zu schaffen.

Die Fünf Elemente geben Orientierung, da sie nicht einer Mode, einen Trend, einer Entwicklung oder gar alternativen Fakten hinterherrennen, denn die Lehre der Fünf Elemente ist auf die Ewigkeit ausgelegt.

5.2   Die Fünf Elemente und ihre Wandlungsphasen – Ressourcen gegen Stress

Die Fünf Wandlungsphasen sind ein System heilender Möglichkeiten und bilden den Kern der chinesischen Medizin. Für deren Verständnis ist die Kenntnis dieses Systems unerlässlich. Sie umfassen alles, was auf der Erde und im Universum existiert. Dabei beschreiben und ordnen sie es nicht nur, sie bringen es in einen höheren Sinnzusammenhang. Sie entspringen einem eher assoziativen, denn logischen Denken, mehr dem ganzheitlichen Beobachten, als dem Analysieren und setzen auf die Intuition und nicht allein auf den Intellekt.

Das Geheimnis der Lebensenergie liegt im Zusammenwirken des ewigen Kreislaufes von Körper, Geist und Seele: Der Körper braucht als Grundlage für seine Gesundheit: Wasser und eine gut abgestimmte Nahrungszufuhr. Der Geist wird von der Energie positiver Gedankenmuster gestärkt, die sich in Handlungen niederschlagen. Die Seele „nährt" sich an vielen verschiedenen Emotionen. Selbst die standhaftesten Schulmediziner bezweifeln heute nicht mehr, dass der Gesundheitszustand eines Menschen in unmittelbarem Zusammenhang mit seiner Gemütsverfassung steht. Ganzheitliches Fühlen, Denken und Handeln schöpft Lebensenergie. Der Mensch der Moderne steht einerseits täglich im Trommelfeuer viel zu vieler Energien und anderseits fehlt es ihm daran.

Es gibt Dutzende von Ansätzen und Herangehensweisen, wie Veränderungsprozesse in Unternehmen geführt und begleitet werden können. Sie sind so wandelbar wie ein Chamäleon, was nicht schlecht sein muss – kann ich mir doch als Verantwortlicher immer genau das Konzept heraussuchen, welches zu mir passt. Aber passt es dann auch auf das Unternehmen mit all seinen Mitarbeitern in ihrer ganzen Vielfalt? Fühlt es sich nicht häufig eher an, als stülpe man mit aller Gewalt ein theoretisches Konzept über die Menschen, damit sie in das Linienmanagement hereinpassen und nicht umgekehrt? Mein Vorschlag ist ein anderer: sehen was ist und es akzeptieren ohne sich mit dem Resultat abzufinden, sondern eine praktische Hilfestellung zu geben, wie es möglich ist, sich gleichzeitig körperlich, geistig und seelisch zu orientieren und Hilfestellung zu geben. Indem dies jedem Einzelnen hilft, kann dem Qi-Burnout vorgebeugt und sogar abgeholfen werden. Übungsblätter zum Arbeiten mit den 5 Elementen im Wandlungskreislauf finden Sie kostenlos auf unserer Webseite www.seminare-wuerzburg.de.

5.2.1 Der Wandlungskreislauf

Suchen wir nach einem Bezugsrahmen des Qi für unseren Alltag, werden wir bei den Fünf Elementen der Fünf Wandlungsphasen fündig. Es sind die fünf Aspekte, die sich aus dem Qi entfalten. Die Elemente, die das Erscheinungsbild der Welt gestalten, aufrechterhalten und wieder auflösen:

Holz, Feuer, Erde, Metall und Wasser (Abb. 5.1).

Diese Fünf Elemente mit ihren Wandlungsphasen erklären die Gesetzmäßigkeiten des Werdens und Vergehens

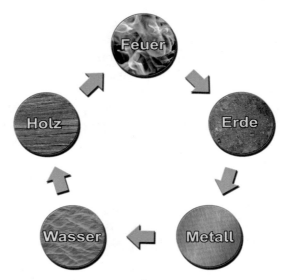

Abb. 5.1 Natürlicher Wandlungskreislauf der Elemente. (Quelle:123rf)

des Lebens, die Verwandlungs- und Umwandlungs-
prozesse, die inneren und äußeren Kreisläufe und Wechselbeziehungen des Kosmos, indem sie die gesamte belebte
und unbelebte Natur in diesen fünf Wirkkräften abbilden.
Die Kräfte der Phasen sind voneinander abhängig und ihre
Prozesse kann man in jedem Lebewesen sowie im Wechsel
der Jahreszeiten wiederfinden:

- Ein Jahr der Natur hat fünf Jahreszeiten:
- Frühling, Sommer, Spätsommer, Herbst und Winter.
- Ein Jahr des Menschen entspricht einem Jahr der
  Natur, wenn er sich entsprechend der Jahreszeiten und
  ihrer Rhythmen im Einklang befindet.

- Das Leben eines Menschen entspricht einem Jahr der Natur (siehe weiter unten).
- Sogar ein einzelner Tag findet seine Entsprechung in einem Jahr der Natur.

Den Phasen sind **individuelle Aspekte zugeordnet, die sich in physischen, psychischen und feinstofflichen Ausprägungen zeigen:**

Die Elemente sind zyklisch miteinander verbunden, sodass die einzelnen Phasen ineinander übergehen. Jede Wandlungsphase erzeugt und nährt, fördert also die darauffolgende: Holz nährt Feuer. Feuer lässt Erde entstehen und diese bildet Metall. Metall bringt Wasser hervor.

Umso weiter sich die Handelnden vom natürlichen Lebenskreislauf entfernen, umso mehr stellen sich physische und körperliche Krankheiten ein. Das natürliche Gleichgewicht der Lebensenergie Qi wird gestört. Gesundheit und ein langes glückliches Leben setzen voraus, dass der Mensch im Einklang mit seiner Umwelt lebt. Das tut er, wenn er sich als Teil des Universums im gleichmäßigen Strom der Energien im Kosmos versteht. Stellt er sich gegen den Strom des Lebens vergeudet er Energie, schadet sich und anderen, und wird letztendlich krank. Je weiter wir uns von den natürlichen Kreisläufen entfernen, umso größer die Wahrscheinlichkeit, dass wir krank werden. Je künstlicher die Kreisläufe, je mehr sich die Akteure mit den negativen Auswirkungen der Witterungseinflüsse der Elemente auseinandersetzen müssen, desto mehr Qi unserer Lebensenergie wird vernichtet.

Folgen Sie mir auf einem kurzen Weg durch einen natürlichen Wandlungskreislauf, um sich langsam an die

Denkweise dieses „Tools" zu gewöhnen, bevor wir uns der praktischen und lebensnahen Umsetzung in Ihrem „Ökosystem Businessalltag" widmen und aus Ihrer Abteilung heraus das Konzept des Change Managements neu definieren.

Die Holz-Energie bildet die Grundlage für Vitalität und Lebenskraft. Die Wandlungsphase Holz steht für den Übergang aus dem potenziellen Wachstum. Der Same und die junge Pflanze sind hingegen reales Wachstum. Die Reifung und Entwicklung unserer Psyche und Persönlichkeit, von Menschlichkeit und Menschenwürde sowie die Regulation unserer Gefühle gehören dazu. Wir lernen nach außen zu gehen, uns zu äußern und für unseren Lebensraum zu sorgen.

Dieses Wachstum besitzt immer auch eine Sprengkraft. Ähnlich wie in der Pubertät Jugendliche Ihre Grenzen suchen.

Im Tageszyklus der Sonnenaufgang, im Jahreszyklus der Frühling. Als klimatisches Äquivalent wird hierbei mit Holz der Wind kombiniert, welcher sich ebenfalls durch den Wechsel, die Geschmeidigkeit und die mehr oder weniger plötzliche Veränderung der Situation auszeichnet.

Die aufsteigende, aufbrechende Energie des Holzes gipfelt in der Expansion des Feuers.

Die Feuer-Energie steht für Freude, Euphorie und Liebe.

Alles fließt frei und unkompliziert. Sie birgt die Herzkraft, die wesentlichste Kraft zur Heilung. Sie trägt vorwärts und wirkt inspirierend und begeisternd. Durch die Energie des Feuers erfahren wir geistiges Wachstum. Die Wandlungsphase Feuer hilft, Lebenswärme, Toleranz und

Milde zu entwickeln. Sie befähigt uns zur Versöhnung und zu innerem Frieden, was die Voraussetzung für jeden tiefgreifenden Heilungsprozess ist. Dem Feuer wohnt auch eine zerstörerische Kraft inne. Die Kapazität der Transformation und Läuterung. Die tageszeitliche Entsprechung ist der Vormittag, die jahreszeitliche Entsprechung der Sommer. Klimatisch entspricht das Feuer der Hitze.

Die Erd-Energie repräsentiert Reifung und Integration zu jedem Zeitpunkt unseres Lebens. Der Sinn für Realität und die Bodenständigkeit in Verbindung mit handfester Verbindlichkeit, die Sicherheit und ein Fundament findet. Die Erd-Energie hilft, die gemachten Erfahrungen in jeder Lebensphase zu integrieren. Sie hat die Fähigkeit, Gegensätze zu vereinen und Frieden mit allen Aspekten in uns selbst und außerhalb zu suchen und vor allem zu finden. Auf dem Boden der Realität angekommen zu sein, kann auch helfen. Jede Erfahrung, die wir in der Tiefe unseres Selbst verankern, wird im täglichen Leben bewusst und durchdringt alle Lebensbereiche.

Unter tageszeitlichen Aspekten entspricht sie dem Nachmittag, unter jahreszeitlichem Gesichtspunkt dem Spätsommer, während in klimatischer Hinsicht eine Assoziation mit der Feuchtigkeit gegeben ist.

Die Metall-Energie ist assoziiert mit der Fähigkeit sich auf sich zu konzentrieren und von Vergangenem zu trennen und loszulassen. Im Metall erleben wir die Kapazität frei zu sein für den jeweils nächsten Schritt, die nächste Veränderung in unserem Leben. Die oft beschriebene Freiheit des Alters ist eine Folge zunehmender Gelöstheit. Sie ist jedoch eine Möglichkeit, die jeder Altersstufe potenziell zur Verfügung steht. Metall löst uns von Überkommenem und führt durch seine verdichtende und rückführende Kraft zum Wesentlichen und so in unsere Essenz. Metall birgt die Fähigkeit, das zu Ende gehende irdische Leben in eine weitere Ebene des Seins zu transzendieren. Essenzialisierung und die Unterscheidungsfähigkeit zwischen Unwesentlichem und Wesentlichem gehört zum unschätzbaren Potenzial des Metalls. So erfahren wir uns zunehmend als Teil eines größeren Ganzen und gehen über die irdische Form und Gestalt hinaus. Die Wandlungsphase Metall eröffnet einen weiten spirituellen Raum. Es setzt ihm Grenzen und formt das Individuum. In der Wandlungsphase Metall sind die Stadien angesprochen, die der abgeschlossenen Reifung eines Prozesses zur Ernte entsprechen. Spätnachmittag bzw. Herbst steht für die Ausprägungen unter den vorher genannten Zeitkonstanten, die Trockenheit für den zugeordneten klimatischen Faktor.

Die Wasser-Energie umfasst die physische Fähigkeit des Menschen zu überleben. Sich der Weisheit und dem Fluss des Lebens zu überlassen, braucht Vertrauen, das die Ängste um unsere Existenz verdrängt. Speicherung und Kontraktion, Klarheit und Geduld begründet sich im Wasser. Eine Zeit, die von minimaler Aktivität gekennzeichnet ist, in der wir uns nach innen wenden und unsere Willenskraft entwickeln und kultivieren können. Unter tageszeitlichem Aspekt entspricht Wasser der tiefen Nacht. Im jahreszeitlichen Ablauf korrespondiert es mit dem Winter und sein klimatischer Faktor ist Kälte.

Sehen wir uns das Leben eines Menschen an, finden wir alle diese Elemente wieder:

Das pränatale Leben in der Geborgenheit der Gebärmutter spiegelt die Wasser-Phase, den Winter. Von der

Geburt über das Heranwachsen bis zur Pubertät entspricht diese Wachstumsenergie dem Entfaltungspotenzial des Holzes, und der Mensch ist in seinem Lebensfrühling. Das Feuer charakterisiert die blühende Lebensmitte, der heute sogenannte Bestager steht in seinem Zenit und genießt den wohlig warmen Sommer seines Lebens. Die Ansprüche des Lebens wurden gemeistert, er hat einen Beruf gewählt, eine Familie gegründet und ist versorgt. Diese Mitte des Lebens durchschreitet er im Element der Erde und es setzt eine Phase der Umorientierung ein. Das Leben verlangt nach inneren Werten und stellt Sinnfragen. Dieser Reifeprozess führt in den Lebensherbst, wir nehmen unsere eigene Vergänglichkeit stärker wahr, stellen uns dem Altwerden und erkennen, dass das Materielle vor dem Ende des Lebens nicht schützt. Wir nähern uns dem Ende unseres Lebenszyklus und gleichzeitig dem Essenziellen des Lebens. Mit dem Tod übergeben wir unseren Körper wieder dem Element des Wassers: Wo wir herkamen, dahin gehen wir zurück.

5.2.2 Die Elemente im Unternehmenskontext: Ich bin in meinem Element

Der Holz-Typ: der Kreative

Der Holz-Typ besitzt große Energiereserven, kann ausdauernd arbeiten und kommt dabei mit wenig Schlaf aus. Sein Hang zu Freiheit, Direktheit und Unabhängigkeit kippt auf der anderen Seite hin zu Überheblichkeit und Herrschaftsstreben. Mit seinem Organisationstalent ist er häufig als Führungskraft tätig.

Was wäre eine Marketingabteilung ohne den Schwung dieser Menschen. Sie sprühen über vor Ideen, haben zig davon, gehen aber auch ganz in ihren Aufgaben auf. Wachstum, neue Projekte, Veränderungen und das Voranschreiten im Leben ist ihr Antrieb. In der Arbeitswelt sorgen sie so für Kreativität und neues Erschaffen. Solange dies Erfolg verspricht und Anerkennung, am besten sogar Bewunderung einbringt, verfolgen sie energisch deren Erledigung.

Gut anzukommen, ist das bestimmende Ziel des Holz-Typs. Dem Erfolg wird alles geopfert, umglänzend dazustehen, ist er enorm anpassungsfähig und in der Lage, sich stets an dem auszurichten, was jeweils gebraucht wird, also ankommt. Das macht ihn zum idealen Mitarbeiter jeder Organisation, nicht nur des Marketings, denn egal um welche Aufgabe es sich handelt, sie wird mit voller Energie angenommen, selbst wenn sie sich im Laufe des Lebens widersprechen sollten. Die vollständige Identifikation damit ergibt eine Art Daueraktivismus, um möglichst unter dem Beifall der anderen den Erfolg kontinuierlich auszukosten. Fehlt die Anerkennung oder kommt es zur Erfahrung des Scheiterns, ist ein Zusammenbruch nicht weit. Zumal der dem enormen Aktivismus ausgesetzte Körper zwangsläufig irgendwann einmal streikt. Dann liegt das Risiko auf der Hand, dass der Heilungsprozess auch zum Projekt umgewidmet wird.

Der Feuer-Typ: der Manager

Der Feuer-Typ ist offen und gesellig im Umgang, ist er bei rascher Auffassungsgabe leicht zu beeindrucken. Dabei reagiert er schnell auf äußere Einflüsse. Mit seiner Neigung zur Oberflächlichkeit und Ungeduld hängen seine wechselseitigen Interessen zusammen.

Der kämpferische Feuer-Typ in Ihrem Umfeld ist schnell ausgemacht: Er gibt sich stark und unabhängig und verfolgt bedingungslos und erfolgsorientiert seine Absichten. Das verleiht ihm einen kämpferisch-zielstrebigen und entschlossenen Charakter, mithilfe dessen er gerne Macht ausübt. Selbstbehauptung und Durchsetzungsstärke sind besonders wichtig, dazu gehört der Mut, offen und direkt zu sagen, was er denkt. Das Gefühl alles unter Kontrolle haben zu müssen, birgt aber natürlich das Risiko des ständigen Taxierens der Menschen, die zu ihm in Beziehung stehen. Schwarz und Weiß, Freund und Feind – bist du nicht für mich, bist du gegen mich. Aufgrund dieser Entschiedenheit befindet sich der Holz-Typ immer in der Gefahr in einen Kampf um seine Position zu geraten. Wobei der Kampf mit einem ebenbürtigen Gegner eine Art Anerkennung darstellt. Klappt der Sprung auf der Karriereleiter mal nicht, so sieht er sich in hierarchisch strukturierten Organisationen die Führungsposition nicht lange von unten an, sondern missachtet die vom Gegenüber gezogenen Grenzen. Dies ist die negative Seite der Medaille eines Menschen, der auf der anderen Seite mit seinem bewundernswürdigen Einsatz für die eigene Sache glänzt. Dann werden keine Kompromisse gemacht, Entscheidungen zurückgenommen oder gar Fehler eingestanden. Sondern der manchmal selbstzerstörerische Kampf mit der etablierten Macht gesucht.

Der Erde-Typ: der Produktive

Den Erde-Typ ist hilfsbereit, freundlich und verfügt über ein geselliges Wesen. Sein Witz lässt ihn im lockeren Umgang mit anderen Menschen vertrauensvoll wirken, was durch seine ruhige Ausstrahlung untermauert wird. Zuverlässigkeit und Hilfsbereitschaft zeichnen ihn aus.

Erde-Typen wollen gebraucht werden. Daraus resultiert die Fähigkeit, nicht lange zu hinterfragen, sondern anzupacken und sich gewissermaßen durch die Arbeit zu wühlen. Er bringt bodenständig die PS auf die Straße, die Projekte zu pass. Er versteht es die Ärmel hochzukrempeln und anzupacken und gibt in jeder Situation vernünftige und realistische Einschätzungen der Lage ohne abzuheben. Seine Befähigung, die Bedürfnisse anderer oder der Situation wahrzunehmen und zu bedienen und oft die eigenen zu unterdrücken, entspringt einem unbedingten Streben nach Anerkennung. Erlebt der Erde-Typ diese nicht, spürt er gar das Gegenteil, wie Kritik oder Distanz, reagiert er gekränkt bis hin zu innerer Kündigung. Perfekt laufende „Räder des Getriebes" nie selbstverständlich zu nehmen, ist die Lehre daraus. Irgendwann kann sich dies in deren innerer Leere auswirken und ein Ventil suchen.

Der Metall-Typ: der Controller

Der Metalltyp ist ein empfindsamer und sensibler Mensch, der über eine stark ausgeprägte Fähigkeit verfügt, Stimmungen und deren Schwankungen wahrzunehmen. Er ist sehr intelligent und besitzt die Gabe sich sehr gut konzentrieren und fixieren zu können. Im Umgang ist er eher zurückhaltend, was ihm eine unnahbare Aura und dadurch häufig die Titulierung arrogant einbringt.

Das Streben nach Vollkommenheit, wo finden Sie das in Ihrem beruflichen Umfeld? Genau – im Controlling. Jemand der alles richtigmachen will und es in der Regel auch tut, ist dort am besten aufgehoben. Auch wenn dieses Ideal nicht komplett erreichbar ist, so sorgt die Angst davor, Fehler zu machen, doch dafür, dass Menschen dieses Typs immerzu darauf bedacht sind, möglichst erst zu überlegen und dann vernünftig zu agieren. Spontaneität passt da nicht unbedingt hinein. Aber Objektivität, Integrität und Gerechtigkeitssinn. Ihre Identität muss Loyalität leben, will sie aber durchaus auch bekommen. Das unbestechliche Gefühl für Wahrheit und Gerechtigkeit speist das Streben nach Perfektion. Es verleiht ein starkes moralisches Rückgrat, kann jedoch umschlagen in Kritiksucht, Nörgelei und Selbstgerechtigkeit. Aus der Angst vor der eigenen Unvollkommenheit kann der Metall-Typ zu einem gnadenlosen Richter fremder Fehler und Mängel werden. Das kann es gerade den Mitarbeitern schwer machen, die sowieso das Gefühl haben nur schwer genügen zu können.

Der Wasser-Typ: der Angestellte
Der Wasser-Typ scheint über eine fürsorgliche Leistungsfähigkeit und geduldige Ausdauer zu verfügen. So geht er seinen Weg ausgeglichen und schier unerschütterlich, wirkt dabei introvertiert, weil er seine Gefühle ungern zeigt, um nicht im Mittelpunkt zu stehen. Als

das Gegenteil eines Teamplayers verrichtet er seine Arbeit gewissenhaft, ordentlich und zielstrebig.

Sie kennen ihn, den Wasser-Typ in Ihrer Abteilung. Es ist der gewissenhafte Mitarbeiter, der in seinem Angestelltenverhältnis aufgeht. Er braucht Sicherheit. Wenn er die nicht in sich selbst finden kann, sucht er sie im Außen, egal ob bei einzelnen Personen oder im Team. Eine durch Autorität abgesicherte Verlässlichkeit ist ihm am liebsten, denn er selbst hält sich auch strikt an Vorschriften. Er empfindet dies nicht als Einengung, sondern findet darin Halt und Orientierung und ist für alle Formen des abzuarbeitenden operativen Geschäfts Gold wert. Solange diejenigen, an die er sich anlehnt, Sicherheit geben, lässt sich der Wasser-Typ gerne führen, passt sich hierarchischen Strukturen bereitwillig an und ist sehr zuverlässig. Probleme können durch Veränderungen entstehen, denn dadurch wird die eigene gesicherte Position bedroht. Angst kommt schnell ins Spiel, wenn die Sicherheit gebende Autorität bröckelt und bezweifelt oder sogar angreifbar wird. Das macht die empfundene Bedrohung noch stärker, wobei häufig das, was der Wasser-Typ aus der Umwelt auf sich zukommen sieht, seiner eigenen Projektionsfläche erwächst. Dieser Abwehrmechanismus kaschiert eigene Schwächen, was situativ hilft, jedoch auf Dauer nicht hilfreich ist. Denn wer seine Umwelt ständig auf mögliche Katastrophen hin beobachtet, wird seiner Sehnsucht nach Sicherheit und Geborgenheit endlos hinterherlaufen.

5.2.3 Stressverstärker erkennen und transformieren nach den Fünf Elementen

Wie in der Natur, so sind auch im Menschen alle fünf Phasen vertreten und idealerweise im Gleichgewicht. Letztlich finden sich in jeder einzelnen Wandlungsphase alle Wandlungsphasen wieder. Jede Phase enthält die Gesamtheit aller Energiequalitäten, die zu jeder Zeit der ganzheitlichen Entwicklung zur Verfügung stehen.

Auch wenn das Kindesalter bspw. stark vom Einfluss der Wandlungsphase Holz geprägt ist, so verfügt es dennoch bereits über die Eigenschaften und Möglichkeiten des Feuers (Begeisterung, Freude, Liebe), der Erde (soziales Verhalten, Intellekt, Beziehung) oder des Metalls (Loslassen, Sinnesentwicklung, Sensitivität). Im Laufe des Lebens können die Elemente aus dem Gleichgewicht – geistiger und körperlicher Gesundheit – ins Ungleichgewicht geraten. Die daraus resultierenden physischen und psychischen Probleme lassen sich durch Selbst- oder Teamreflexion, entsprechende Übungen oder spezielles Coaching positiv beeinflussen. Ich sehe allerdings in der Prophylaxe ein fast noch größeres Potenzial. Wer jeder Entwicklungsphase – seiner eigenen oder seines ihm anvertrauten Umfeldes – die entsprechende Aufmerksamkeit gibt und hilft diese weiterzuentwickeln und zu verfeinern, handelt im wahrsten Sinne des Wortes in weiser Voraussicht!

Die Fünf Wandlungsphasen stehen insofern nicht nur in einer ununterbrochenen zyklischen Bewegung, sondern sie bergen auch alle verfügbaren Qualitäten, die wir zur Bewältigung unseres Lebens und damit auch unserer Probleme brauchen.

Wir haben alles mitbekommen für diesen Weg, sind mit der Zeugung – und schon zuvor – ausgestattet mit reiner positiver Energie. Dies alles wird dem Menschen gegeben, der Mensch kann es instrumentalisieren, er kann aber auch reflektieren, dass der Körper nicht nur Bestandteil der Natur ist, sondern als System zur Ganzheit Natur gehört. Nichts anderes will die Naturphilosophie der Fünf Elemente und ihrer Wandlungsphasen besagen. Durch die Einordnung Ihrer Themen in diese Systematik eröffnen sich oft ganz neue Perspektiven. Wenn Sie einen Konflikt einer Ebene zuordnen, löst er sich natürlich noch nicht, aber alleine indem Sie zunächst mal herausfinden, worum es in dem Konflikt überhaupt geht, werden die dahinterliegenden Kräfte sichtbar. Vor allem auch die Dynamik erklärbar, die uns doch so oft als Selbstläufer erscheint. Etwas, was uns wie Wellen überrollt und worauf wir gar keinen Zugriff haben. Doch! Haben wir! Denn auf dieser Basis können neue Handlungsmöglichkeiten in dem Sinne erarbeitet werden, dass uns zu jedem Zeitpunkt unseres Lebens das gesamte Seins-und Handlungspotenzial jeder Wandlungsphase zur Verfügung steht – wir müssen sie nur (er)kennen.

In der chinesischen Medizin sind Angst, Depression und Stress auf eine Störung oder Blockade im Energiefluss zurückzuführen. Diese häufig tiefer liegenden Stressverstärker zu erkennen ist also sehr wichtig, um sie dann im nächsten Schritt verändern und damit auch beheben zu können. Die eigene Stressbewältigungskompetenz spielt dabei eine zentrale Rolle. Leider ist es jedoch so, dass die Menschen diese umso geringer einschätzen, je stärker der Stress auf sie einwirkt. Die Grundsätze der Selbstregulierungsfähigkeit des Organismus in den vielen Spannungsfeldern und den Wechselwirkungen der Fünf Wandlungsphasen sowie die diesen zugrunde liegenden Elementen, bieten eine große Hilfe zunächst aus diesem Kreislauf herauszufinden und in der Unterstützung, die eigenen Ressourcen und Möglichkeiten wahrzunehmen. Zu Selbstbestimmtheit und Bewusstheit gehört es, diese Potenziale differenziert wahrzunehmen und jedes für sich wertzuschätzen. Kennt ein Mensch alle Aspekte, die den Kern seiner Persönlichkeit oder der Menschen seines direkten Umfeldes bilden, oder forscht er danach, kann er sie integrieren und seine Kräfte bündeln. Diese Ausrichtung aus sich selbst heraus – zunächst einmal unabhängig von den sachlichen Stressverstärkern – sorgt für die Entfaltung gegebener Fähigkeiten und Ressourcen. Den meisten Menschen fällt dies schwer – einfach so. Sie brauchen ein Vehikel zur Orientierung und daran ist auch nichts verkehrt. Ganz im Gegenteil hilft dies der Bewusstwerdung und vor allem Wertschätzung dieser Facetten.

Die Fünf Elemente können dabei helfen, zu neuen und unerwarteten Einsichten zu gelangen, seine persönlichen Ressourcen kennenzulernen und wiederherzustellen, die Eigendynamik stetig wiederkehrender Prozessabläufe besser zu erkennen und sich nicht von ihnen lähmen zu lassen, sondern auf energetische Weise damit umzugehen und die Beziehungen zu Mitarbeitern, Vorgesetzten und Kunden menschenwürdig und angemessen zu gestalten.

Es wird landläufig davon ausgegangen, dass rationales Handeln im Unternehmen die Prämisse zu sein hat. Doch die emotionale Eigendynamik die unterbewusst stattfindet, die Emotionen (in den entsprechenden Wandlungsphasen) werden damit komplett unterschätzt. Menschen und/in Unternehmen erzeugen Widerstand, wenn sie sich dauerhaft gegen die Kraft der Elemente stemmen. Verweigert man die nächste Wandlungsphase kommt unweigerlich Ungleichgewicht in die jeweiligen Energien. Wandel ist wichtig, Stress und Entspannung, Krankheit bzw. Gesundheit sind keine statischen Zustände. Krankheit entsteht, wenn ein Element in Ungleichgewicht ist oder ein Gleichgewicht nach der Phase einer Veränderung nicht wiederhergestellt werden kann. Der Körper, der in seinem natürlichen Kreislauf verwurzelt ist, reagiert automatisch im Rahmen auftretender klimatischer Veränderungen. Veränderung im Fluss des Lebens ist wichtig. Viele möchten etwas ändern, doch es gelingt nicht. Machen Sie es besser – nutzen Sie die Wandlungskraft der Fünf Elemente und Sie werden lernen:

- akute Stresssituationen besser zu bewältigen
- neue Lösungen für ein konkretes Problem zu finden
- Ihre Kompetenz im Umgang mit Stress zu steigern
- Ihren beruflichen Werdegang geradliniger zu planen

Sie können sogar die Strategie eines/Ihres Unternehmens daran ausrichten, indem die Werte und Visionen der Führungskräfte und Belegschaft abgeglichen werden. Selbst wenn Ihnen dies nun wie Zukunftsmusik vorkommt, so möchte ich Sie ermuntern: Erleben Sie an sich selbst, wie sich die Förderung des Gleichgewichts der Elemente, also die Wiederherstellung der natürlichen Balance Ihrer Energien, auf Ihre körperliche und seelische Lebensqualität auswirkt, und Sie werden irgendwann erwägen, dies auch – im wahrsten Sinne des Wortes – FÜR Ihre Mitarbeiter einzusetzen. Ich bin mir sicher.

5.2.4 Ein Personalleiter und das Projekt der Umstrukturierung

Ein nicht seltener Vorgang: In einem größeren Unternehmen stehen Veränderungen an. Für die Restrukturierungsmaßnahmen hat die Geschäftsleitung ein renommiertes Beratungsinstitut beauftragt. Deren Mitarbeiter waren monatelang vor Ort und haben einen Plan aufgestellt, der auch Entlassungen vorsieht.

Element Holz
Der Personalleiter war zwar involviert, fühlte sich aber von Beginn an eher zum Nebendarsteller degradiert. Die herausgearbeiteten Umstrukturierungen werden über die Geschäftsführung an ihn weitergegeben. Langjährige Mitarbeiter müssen neuen Aufgabenbereichen zugeordnet werden und einige Mitarbeiter, zu denen der Personalleiter ein persönliches Verhältnis aufgebaut hat, werden ihre Arbeitsstelle verlieren. Sein hoher ethischer Anspruch bedingt, dass er diese Maßnahmen so sozial wie möglich gestalten möchte. Dies war von nun an sein unbedingtes Ziel. Er ist grundsätzlich der Typ Mensch, der zur Wut

neigt, vor allem auf sich selbst, wenn er seinen eigenen Ansprüchen nicht gerecht wird.

Element Feuer
Zunächst ging er jedoch hochmotiviert an die Aufgabe heran und versuchte auf die Chancen und neuen Möglichkeiten hinzuweisen um den Wandel nicht als Bedrohung zu vermitteln. Doch lösten die durchaus notwendigen und wichtigen Entscheidungen bei der Belegschaft Unbehagen aus. Der stressauslösende Faktor dabei ist schnell identifiziert: Unsicherheit. Der Mensch sehnt sich nach Zuverlässigkeit und Stabilität. Gerät das ins Wanken, wankt er mit. Obwohl das viel mehr Kraft kosten kann, als sich sachlich der Situation zu nähern, um mehr Informationen zu bitten bzw. sie aktiv einzuholen. Insgesamt stellten die Veränderungen also nicht nur die Gekündigten, sondern auch die anderen Beschäftigten vor eine harte Bewährungsprobe. Veränderungen annehmen bedeutet: wach sein. Hellwach für die Optionen, die sich vielleicht ergeben. Entweder direkt oder am Rande der Veränderungen. Ohne Veränderungen keine Weiterentwicklung. Dies versuchte der Personalleiter zu vermitteln: eine Umkehrung der Haltung zu dem was sich da im Betrieb „anbahnte" zu erreichen; aus dem empfundenen Risiko eine Chance machen. Doch dies gelang ihm nicht. Der Druck der Vorgesetzten stieg. Obwohl die neue Organisationsstruktur insgesamt wesentliche Verbesserungen bietet, blieb es bei der inneren Blockadehaltung der Mitarbeiter. Die Bedenkenträger kritisierten und verzögerten das Projekt immer weiter und machten schließlich sogar ihn persönlich verantwortlich. Der Personalverantwortliche sah sich

daraufhin zwischen allen Stühlen sitzend zerrieben und war dem emotionalen Druck nicht mehr gewachsen.

Element Erde

Er fiel auf den Boden der Tatsachen und fühlte sich wie gelähmt. Die Arbeit hatte ihn in der Vergangenheit immer komplett ausgefüllt, nahm ihm aber auch jeglichen Rahmen auch mal über andere Dinge und vor allem über sich selbst nachzudenken. Durch diesen zentrierten, eingeengten Fokus, verlor er irgendwann den Überblick bzw. den realistischen Blick auf die Realität: Zusätzlich zu dem externen Druck stellte er nun alle Projekte und alle durchgeführten Aktivitäten infrage. Er sah nur noch Probleme, die es gar nicht gab und wurde immer weiter in diesen Sog aus Wahrnehmungsstörung und perfidem Perfektionsstreben gezogen. Eine Lösung in diesem Umfeld sah er nicht und war sich sicher, dass man ihn als unfähige Führungskraft sowieso bald entließ. Die Konsequenz: Burnout.

Dieses Stoppschild ist aus Sicht der Natur grundsätzlich etwas Gutes. Es ist der Beginn der Wandlungsphase um wieder zu innerer Stabilität zu finden.

Jetzt hätte es keinen Sinn gemacht, ihn ins nächste Projekt = Holz zu schicken. Denn nun stand erst einmal der „Durchlauf" durch die anderen Elemente an. Je mehr Elemente übersprungen würden, umso mehr Energie würde benötigt und ein Neuanfang gestaltete sich immer schwieriger.

Element Metall

In dieser Phase geht es darum, wieder zu sich selbst zu finden, indem man sich komplett auf sich selbst konzentriert. In vielen Fällen wird diese Phase nicht erkannt oder in einem therapeutischen Konzept nicht nachhaltig genug berücksichtigt. Vorrangig sind eher generelle Maßnahmen, wie Gesprächstherapien oder die medikamentöse Einstellung mittels Antidepressiva. Wichtig wären stattdessen ganz individuelle Wege,

z. B. durch Meditieren oder eine spezifische Trauerarbeit. Die Besinnung auf sich selbst und um sich von anhaftenden, krankmachenden Einstellungen zu trennen. Alle Wiedereingliederungsversuche, die stattdessen mit Holz bzw. Feuer verbunden sind, laufen eher kontraproduktiv, da diese in der Regel keine Anleitung enthalten, sich selbst wiederzufinden.

Element Wasser

Sobald der Burnout-Patient sich über das Element Metall selbst wieder empfinden kann, hat er die Möglichkeit, über die Klarheit des Wassers sein Leben zu klären. Geduld und Klarheit im Leben zu schaffen und so wieder „in den Fluss zu kommen", bewirkt auch, wieder in berufliche Prozesse integrierbar zu sein. Allerdings nicht unbedingt in jene, die der Patient durchlitten hat, denn über die Flexibilität des Wassers kann er durchaus für sich neue Alternativen finden.

Element Holz

Erst dann geht es in einen neuen Lebensabschnitt. Im positiven Fall in ein sinnerfülltes Leben mittels einer Aufgabe, die dem Menschen und seinen Motivationen besser entspricht. Die Erfahrungen des Burnouts sind Lebenserfahrungen und bilden unter dem Strich eine Stärkung.

Aufgrund dieser Erfahrung werden auch künftige negative Feuersituationen besser gemeistert werden können.

Dies war ein Extrembeispiel – keins ohne Ausweg, auch hier half die Beachtung der Elemente und ihrer Wandlungsphasen bei der Heilung – doch: Es muss nicht erst so weit kommen. Sinn und Zweck dieses Buches ist es ganz im Gegenteil, dass Sie Ihre persönlichen Stressmechanismen frühzeitig genug erkennen, um gar nicht erst die Balance zu verlieren. Nachfolgendes Kapitel hilft ganz konkret dabei, indem es die einzelnen Stressebenen benennt und erläutert, wie der Ausgleich zu erhalten oder wiederherzustellen ist. Dabei differenziere ich nicht klar nach Führungskraft und Mitarbeiter, denn Sie, als mein Leser, können beides isoliert und in einem sein. Je nach Ihrer Position im Unternehmen, aber auch je nachdem, wann Sie mit den Fragen rund um Anspannung und Entspannung konfrontiert werden. Spüren Sie in sich und Ihre Tagesabläufe hinein, und Sie werden Wege finden, aus Stresskreisläufen Lebenskreisläufe zu machen. Mit dem Bezugspunkt zu der jeweiligen Wandlungsphase schließt sich unser Kreis an den Schnittstellen der vorgestellten Lehren und Modelle, indem Sie sehen, welches Element Ihnen am besten helfen kann, wieder in Ihre jeweilige Kraft zu kommen.

Literatur

La Trobe University Australia (16.03.2011) Matilda the robot can read emotions. https://www.latrobe.edu.au/news/articles/2011/article/matilda-the-robot-can-read-emotions/

6

Stressursachenforschung über die fünf Klimate und Tipps für den Ausgleich

Vielleicht möchten Sie das Modell zunächst auf sich selbst anwenden und erste Erfahrungen sammeln, um es dann auch auf Ihre Mitarbeiter „anzuwenden". Oder Sie empfinden es als einfacher zunächst zu beobachten und extern zu analysieren, bevor Sie sich mit sich selbst beschäftigen. Das ist ganz alleine Ihnen überlassen (Abb. 6.1).

Wie auch immer, bilden für diesen Prozess neben der Kenntnis der allgemeinen Kennzeichen der Elemente die sogenannten Klimafaktoren eine Rolle. Sie stehen in Bezug zur jeweiligen Richtung und Jahreszeit, wie z. B.: Wasser – Norden – Winter – Kälte und versinnbildlichen den jeweiligen Status unserer Lebensphasen, wenn wir im Einklang mit der Natur leben – mit der Natur um uns und in uns. Sehr vereinfachend gesagt: Im Winter ist es kalt, wer dies beachtet und sich entsprechend verhält, bleibt

© Springer Fachmedien Wiesbaden GmbH, ein Teil von Springer Nature 2019
S. Assian, *Der Anti-Stress-Trainer für Personalverantwortliche,*
Anti-Stress-Trainer, https://doi.org/10.1007/978-3-658-22599-5_6

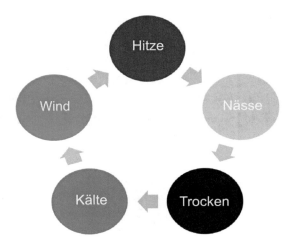

Abb. 6.1   5 Klimate

gesund. Transformieren wir das auf die Arbeitsprozesse in den Unternehmen, auf das Mit- oder Gegeneinander in den Kollegen oder Teams, finden wir Ansatzpunkte für Wechselbeziehungen, die sonst auf den ersten Blick vielleicht nicht erkennbar wären. Zunächst einmal ist jeder Mensch anders und kanalisiert entsprechend unterschiedlich. Dann kommt es noch auf den Status im Unternehmen an, ist er Mitarbeiter oder Führungskraft. Natürlich nutzt nicht jeder Vorgesetzte seine Stellung aus und nutzt bspw. andere Menschen als Blitzableiter, doch gibt es diese „Möglichkeit" für andere Positionen im Unternehmen gar nicht, sodass sich Frust, Angst oder Wut gegen sich selbst richten oder in den privaten Bereich hineinreichen. Ja, es gibt so viele Wechselbeziehungen- und wirkungen, dass es sich wie ein undurchdringbares

Dickicht anfühlt. Wie will man da eine Ortung der richtigen Herangehens- oder Umgangsweise vornehmen können?

Die Fünf Elemente geben auch hier Orientierungspunkte: Ein Mensch, der sich im Element des Wasser „befindet", agiert in und reagiert auf seine Umgebung nämlich ganz anders, als ein Erde-Typ. Er benötigt dementsprechend auch andere Interventionen oder Bewältigungsstrategien. Oder noch besser, andere Präventivmaßnahmen, damit es erst gar nicht zu Überforderungssymptomen bis zum Qi-Burnout kommt. Diese werde ich Ihnen bei den **Anti-Stress-Tipps für den Ausgleich** aufzeigen.

Lassen Sie es uns Schritt für Schritt an den einzelnen Elementen durchgehen und kennzeichnen. Durch die eingehaltene Logik der Analogie zu den Kreisläufen der uns umgebenen Natur erschließt sich das Modell sehr schnell. Sie werden sehen!

Das Element Holz
Die Stressebene: „Wind" und Wut
Der Holz-Typ zeigt ein starkes Durchsetzungsvermögen. Er kann seine Ziele verwirklichen, auch indem er andere „mitreißt" und Führungsstärke beweist. Die andere Seite äußert sich bei Anspannung und Stress.

Dem Holz wird der Frühling zugeordnet und in dem Zusammenhang diesem der Wind. Dieser hat eine belebende, aber auch eine zerstörerische Seite. Er kann sich als sanfte frische Frühlingsbrise zeigen, die pulsierend wirkt, der frische Wind, der Neuem den Weg öffnet. Oder sich in der Hartnäckigkeit dieser Jahreszeit ausdrücken, die sich gegen den Winter behauptet und mit Macht auch zu tief eindringen und schädigen kann. Auch das ist Holzenergie pur – die destruktive Kraft „des Windes".

Der Wind steht für die krankmachenden Einflüsse, die permanent auf einen Menschen eindringen, alles was in der Gedankenwelt verankert, aber nicht handfest ist. In unserer modernen, digitalisierten Welt wird diese Art „Wind" immer heftiger. Die Informationsflut, die täglich verarbeitet werden muss, egal ob beruflich via Meetings, Telefon, E-Mail oder privat im Zeitalter der Social-Media-Kanäle und Messenger. Auch, wenn Sie es nicht akut bemerken, dieser Wind baut einen Stress auf, deren Sie sich nur schwer erwehren können. Wind ist die gefährlichste aller Krankheitsursachen. Wind zerstreut das Qi.

Das Leben geht mit windigen Dingen vorbei und Sie verlieren die Substanz. Der Stress führt zu einer Aktivierung des Sympathikus und die in unserem Unterbewusstsein evolutionär verankerten Programme, wie Kampf oder die Flucht-Reaktion werden abgespult.

Der Geist wird zerstreut. Die Fähigkeit sich zu konzentrieren geht verloren. Kennen Sie das Gefühl, den ganzen Tag gearbeitet zu haben und irgendwie in doch nichts wirklich vorangekommen zu sein? Jede einzelne Aufgabe verursacht noch keinen Stress. Aber in der Summe merken Sie sich Passwörter, Ihr Handy fordert auch wenn es nur auf dem Tisch liegt Aufmerksamkeit, die E-Mail die noch heute beantwortet werden muss ebenso und zu schlechter Letzt bindet auch noch die Katastrophenmeldung im Radio Ihre Aufmerksamkeit. Meiner Meinung nach mindestens 10 % und damit unterschwellig 10 % unserer Lebensenergie. Wie kleine Nadelstiche, ist jeder einzelne Einfluss kaum spürbar. So kommt es, dass Sie sich nach einem Arbeitstag, an dem Sie kaum körperlich gearbeitet haben, trotzdem am Abend abgespannt und erschöpft fühlen. Die Folge sind Gereiztheit, Aufbrausen, unangemessene Reaktion und vor allem Wut.

Verschafft sich der Wütende keine Luft, frisst er seinen Unmut in sich hinein, statt sie in vernünftige Bahnen zu lenken, verursacht dies wiederum für ihn massiven Stress. Die Wut auf sich selbst, etwas nicht erreicht zu haben bzw. sich selbst nicht gut genug zu sein, nährt sich daran und wird immer größer.

Typische Beispiele für Wind

- Multitasking, mehrere Dinge gleichzeitig tun
- die fast ausschließliche Arbeit am Computer
- sowohl im Unternehmen als auch im Privatleben immer die Sozialen Medien im Blick
- Strahlenbelastung durch Wireless Lan, Radio, Breitband, Elektrosmog
- andauernder Geräuschpegel von PCs, Maschinen, Großraumbüro, Klimaanlagen
- Informationsflut von verschieden Seiten: Nachrichten, Meinungen, Stimmen

---

Anti-Stress-Tipps für den Ausgleich

Welche Möglichkeiten gibt es, den Wind auszugleichen? Fragen Sie sich: Wo steckt das Wutpotenzial? Am besten schon prophylaktisch: Nun wissen Sie, dass Holz das höchste Wachstums- und Kreativitätspotenzial, aber eben auch ein enormes Wut- und damit Zerstörungspotenzial hat. Beziehen Sie das in die Planung mit ein.

Grundsätzlich steht das Element Holz für Wachstum. In der Arbeitswelt sorgt es so für Kreativität und neues Erschaffen. Projekte werden ambitioniert angegangen und in vergleichbar kurzer Zeit stellen sich die ersten Erfolge ein. Die Energie sprudelt reihenweise Ideen hervor. Jedes Unternehmen wünscht sich solche Mitarbeiter, die die Erträge, Kundenzahlen etc. wachsen und gedeihen lassen. Problematisch wird die Situation, wenn sich das erwünschte positive Ergebnis nicht einstellt. In Zeiten in denen die Projekte ins Stocken geraten und sich der Wind bemerkbar macht, gilt es für Ausgleich zu sorgen.

Häufig sind es nicht die fachlichen Komponenten, die die Projekte beeinflussen, sondern die menschlichen. Stehen Veränderungen an, bedeutet dies für viele Mitarbeiter, dass sie aus der Komfort-Zone hinausmüssen. Haben die dann auch noch das Gefühl, es sei etwas über ihre Köpfe hinweg entschieden worden, kann unterschwellige, latente Wut, die keinen Adressaten findet, weil man sich hilflos fühlt, in eine Verhinderungshaltung führen. Deshalb darf jegliche potenzielle Wut der Kollegen beim Projektstart keine Rolle mehr spielen. Stellen Sie sich vor, Sie sind voller Elan und die Bremser und Verzögerer torpedieren ohne fachliche Rechtfertigung das Projekt. Diese Art der Wut verursacht letztlich bei allen Betroffenen Hilflosigkeit und erzeugt Stress. Die Vernichtung von Qi-Ressourcen durch die innerliche Blockade von Bedenkenträgern ist enorm. Auch Perfektion ist in der kreativen Holz-Projektphase nicht angesagt. Unerwartetes, Unvollkommenes, ja sogar ein Scheitern sollte mit einkalkuliert werden.

Dazu braucht es eine Mut-Kultur, die Fehler nicht nur einkalkuliert, sondern daran auch die positiven Seiten sieht. Besser zu Beginn eines Projektes führen Fehler zu sachdienlichen Hinweisen, was wie besser gemacht werden kann, als dass sie später auftreten. Deshalb kehren Sie Fehler nicht unter den Tisch und nutzen Sie sie nicht als Pranger. Oft sind gerade die Verursacher wütend auf sich selbst – auch das verursacht Wind. Helfen Sie Ihnen mit der Wut umzugehen. Holen Sie die Beteiligten auf den Boden der Tatsachen. Schwierigkeiten im Projekt sollten akzeptiert und mit möglichst realistischen Handlungen gelöst werden.

Bei Wind bleibt letztendlich nur die Möglichkeit Windstille zu schaffen. Wenn das Projekt nicht so läuft, wie sich alle Beteiligten das vorstellen, kann die berechtigte Wut ein Korrektiv sein. Jetzt gilt es diese Energie in Strukturen umzuleiten, die Schritt für Schritt das Projekt verbessern. Schaffen Sie im Unternehmen Strukturen, die ein geordnetes Arbeiten ermöglichen. Dies hat mit klaren Zielen zu tun, fängt aber bereits bei den täglichen Abläufen an. Seien Sie konsequent: Schaffen Sie sich selbst und Ihren Mitarbeitern „windfreie Zonen". Dazu gehört vielleicht einiges an (Um)Organisation, in denen es kein Telefon, kein E-Mail, kein Facebook und Co gibt. Viel wichtiger ist es aber noch, windige Besprechungen, allgemeine Lärmpegel im Büro oder im Großraumbüro, und die vielen Aufgaben zwischendurch, die nur scheinbar sofort erledigt werden müssen, abzustellen. Es geht darum unnötige Störungen zu vermeiden, sodass ein Projekt wirklich wachsen kann.

Tipps bei zu viel Wind

- Vermeiden alles was Sie zerstreut. Schaffen Sie „wind-freie Zeit" ohne Facebook & Co und schaffen Sie Raum für Windstille.
- Ausgleich erhalten Sie über das Element Erde.
- Bodenständige, naturverbunden Aktivitäten
- Ausgleich erhalten Sie über das Element Metall.
- Kommen Sie wieder zu Ihrer Mitte – Konzentrations- und Meditationsübungen helfen.

Das Element Feuer
Die Stressebene: „Hitze" und Selbstzerstörung

Das Lebensfeuer ist eine der stärksten Kräfte. Positives Feuer und positives Holz schafft Wärme und Energie, Lebensfreude und Glück. Geistig rege und mit schneller Auffassungsgabe gesegnet, sind Feuertypen beliebte Zeitgenossen. Sie gehen entsprechend gerne unter Menschen, auch, weil sie es mit sich alleine nicht so gut aushalten. Feuer ist die energiereichste Kraft, aber auch die Kraft, die sich am schnellsten erschöpft. Der Grad von der unbedingten Lebensfreude zur Verausgabung ist schmal. Wenn Körper und Geist „ausbrennen", wird die innerlich empfundene Leere unsagbar schwer. Sich ungeliebt zu fühlen, führt zu Desinteresse am Leben oder sogar in die Depression, manchmal mit Manie im Wechsel, denn die positive Eigenschaft von Feuer ist Freude, Liebe, Euphorie. Aber auch bei der Freude besteht Achtsamkeitspotenzial, denn die Manie führt als Krankheitsbild zu übertriebenen Erwartungen bis hin zu Süchten und das zerstört die Lebensenergie Qi. Das ehemals flammende „Herz" erkaltet.

Jedes Unternehmen wünscht sich, dass seine Mitarbeiter mit Feuer und Flamme bei der Arbeit sind. Die Feuer-Energie wird zum schöpferischen Akt. Mit der Arbeit solcher Mitarbeiter werden handfeste Produkte erschaffen. Leben und arbeiten sie in ihrer Balance, ist dieses Element sehr kreativ. Das Lebensfeuer wird vor allem vom Herzen erzeugt und Motivation und Begeisterung sind Voraussetzungen für herausragende Leistungen.

Aber nun stellen Sie sich eine Person vor, die immer in der Hitze oder sogar im Feuer steht.

Deshalb wird es besonders hart, wenn den Mitarbeitern die beschriebene zerstörende Seite von den vordergründig tragenden Säulen eines Unternehmens zusetzt. Wenn die „Hitze" zu groß wird und Anerkennung nicht zu erreichen ist, schlägt die Emotion in das Gegenteil um: Hass – Abneigung – Widerstand. Die Folge ist Zerstörung. Und was „zerstört" man am einfachsten? Das was einem am nächsten „steht": sich selbst. Ein typisches Beispiel für die Selbstzerstörung in der Arbeitswelt ist der Workaholic: Jemand, der in der Hitze des Gefechts, soviel Energie aufwendet, bis er sich selbst zerstört. Diese Form der geistigen Überarbeitung tritt in unserer schnelllebigen, konkurrierenden und materiellen Gesellschaft am häufigsten auf. Wind in Verbindung mit Hitze sind denn auch die klassischen Ursachen von Stress.

Stellen Sie sich vor, wenn Sie für Ihre Arbeit viel mehr Energie verbrennen als Sie wiederherstellen können und Sie sich immer mehr unter Feuer setzen, indem Sie die Erwartungen an Ihre eigene Leistungsfähigkeit weiter hochschrauben. Unter dieser Art Stress geht das Gefühl von Sicherheit in sozialen Beziehungen verloren. Man fühlt sich in der Opferrolle, ausgenutzt oder im Stich gelassen. Es folgt die innerliche Distanzierung von allem, was mit der Arbeit zu tun hat, denn das Herz muss unter allen Umständen geschützt werden.

Es gibt kaum ein gefährlicheres Vernichtungspotenzial im Unternehmen. Und das nicht nur, wenn Mitarbeiter betroffen sind, sondern vor allem, wenn Führungskräfte dieser mangelnden Balance freien Lauf lassen. Zumal dies meistens unbewusst abläuft und der ausgeübte Widerstand der ausübenden Führungskraft nicht bewusst ist. Die Kraft dieses negativen Zerstörungsfeuers fackelt nicht lange, sondern zieht immer weitere Kreise.

Typische Beispiele für Hitze

- Grausamkeit gegen sich selbst in Bezug auf die eigene Leistungsfähigkeit
- Streit und hitzige Debatten
- Ärger mit Kunden, Lieferanten, Kollegen
- Konkurrenz und permanente Anfeindungen durch Kollegen
- Androhung von Konsequenz oder ähnliche Repressalien

Auf Dauer hält niemand diese Art von Stress aus. Entweder die Menschen konsternieren und gehen in die innerliche Emigration, sprich Kündigung, oder sie gehen wirklich. Was sinnvoll ist, denn wer dauerhaft im Feuer derartig destruktiver Kritik steht, wird unweigerlich krank. Dabei sind es gerade die engagierten Mitarbeiter, die am meisten gefährdet sind.

Anti-Stress-Tipps für den Ausgleich

Wenn Konflikte hitzig im Unternehmen hochkochen, bleiben in vielen Fällen emotionale Verletzungen. Häufig sind es gerade die Leistungsträger, also die Menschen, die mit ihrer Lebensenergie die Projekte am Laufen halten, die verheizt werden. Hochkochende Emotionen sind vorprogrammiert. Menschen, die nicht gelernt haben, wo ihre eigenen Ventile liegen und deshalb andere Menschen als Blitzableiter missbrauchen, machen abstruser Weise meistens zusätzlich genau diese für die lodernden Flammen verantwortlich.

Am Anfang steht auch hier das Erkennen. Fragen Sie sich: Wer steht immer und ständig unter/im Feuer? Das können Sie selbst sein und/oder Ihre Mitarbeiter. Haben Sie diese zerstörerischen Tendenzen ausgemacht, ein zu viel an: „in der Hitze des Gefechts", können Sie sie in vernünftige Bahnen lenken. Zunächst gilt es die Mitarbeiter vor dieser zerstörerischen Hitze zu schützen: Formen Sie ein „Hitzeschutzschild".

Häufig kochen bei hitzigen Diskussionen die Emotionen hoch. Feuer neigt zu Übertreibungen. Der Boden der Tatsachen ist dann gerade bei schwierigen Verhandlungen das Maß der Dinge. Es gilt die Devise: verwirklichen, in die Tat umsetzen, Strukturen schaffen. Auch bei heftigsten Konflikten hilft ein gesunder Realitätssinn.

Sicherlich gibt es Abteilungen, die gefährdeter sind als andere. Wenn Konflikte innerhalb und außerhalb der Firma hochkochen, ist es klar, dass man das Feuer rausnimmt. Gibt es zum Beispiel einen Konflikt mit einem Kunden, so macht es Sinn, wenn erst einmal ein anderer Mitarbeiter den Kunden betreut.

Erkennen Sie (vielleicht eigenes) selbstzerstörerisches Verhalten schon in den Anfängen. Schlechte schädliche Angewohnheiten, ein Glas zu viel, eine Stunde mehr am Computerspiel usw. – gerade bei Suchtverhalten ist es ein schmaler Grat, der das Gute vom Zerstörerischen trennt. Den Betroffenen ist ihr selbstzerstörerisches Verhalten häufig nicht bewusst. Die tiefere Ursache ist die eigene Unzufriedenheit mit sich selbst.

Mitarbeiter, deren Stresspegel sie bereits „auf den Boden geworfen hat" brauchen ein bodenständig reagierendes Unternehmen, welches ihm mit Respekt und Vertrauen begegnet und so wieder Sicherheit gibt. Das Gegenteil von Hass und Widerstand ist Verständnis und Empathie.

Eine innere Ordnung und Struktur kann die Feuerkraft wieder in positive Bahnen lenken. Burnin anstelle von Burnout ist erreichbar, wenn man sich auf sich selbst besinnt und achtsam und liebevoll mit sich und den anvertrauten Menschen umgeht.

Das kann nicht jeder, also fragen Sie sich: Gibt es Kräfte im Unternehmen, die moderierend einwirken und die Dinge wieder in den Fluss bringen können? Um die Herzenergie zu stärken, ist es erst einmal wichtig, die Unruhe und andere schwächende Gefühle immer wieder bewusst zu machen. Manchmal kann ein externes Konfliktmanagement hilfreich sein. Ansonsten verdrängte Gefühle landen im Körper und machen krank. Eine wichtige Basis hierfür sind einfühlsame, aber durchaus klärende Gespräche und das Abkühlen der Gemüter. Das hilft hitzige Debatten zu regulieren, aber auch der Erfassung der persönlichen Elemente-Muster. Oft können dann schon kleine Anregungen für Veränderungen im Verhalten stressende Gewohnheiten und Konzepte verändern. So kann selbst in starre, frustriert hingenommene Strukturen wieder Bewegung kommen.

Tipp gegen zu viel Hitze
* Nehmen „Feuer" heraus!
* Ausgleich erhalten Sie über das Element Metall.
* Besinnen Sie sich auf sich. Meditationsübungen helfen.
* Ausgleich erhalten Sie über das Element Wasser.
* Kühlen Sie Ihre Emotionen herunter.

Das Element Erde
Die Stressebene: „Feuchtigkeit" und Resignation

„Erdmenschen" sind typischerweise fürsorglich, vielleicht manchmal etwas zu aufdringlich, aufmerksam und engagiert. Sie stehen für Beständigkeit, Klarheit, Standfestigkeit und Stabilität. Unerschütterliche, verlässliche, friedfertige und vor allem logisch und praxisbezogen denkende Mitarbeiter – auch der Erd-Typ ist in seiner Fülle ein Gewinn für jedes Unternehmen. Seine Bodenständigkeit schafft Vertrauen – ohne Anstrengung oder irgendwelche Strategien, einfach aus sich selbst heraus.

Viele kleine und mittelständische Unternehmen bzw. Familienunternehmen bilden das ab. Verlässlichkeit, Nachhaltigkeit, Bodenständigkeit sind auch heute Garanten für den dauerhaften Erfolg von Unternehmen. Für Mitarbeiter bedeutet dies Sicherheit ihres Arbeitsplatzes. Doch gerade Erde-Typen können in ein Ungleichgewicht geraten. Wenn sie erschöpft sind neigen sie dazu, sich zu verzetteln, werden unsicher und verlieren Energie. Auch mit Veränderung kommen sie nicht so gut zurecht. Die andere Seite von Beständigkeit ist das Beharren auf einer festgefahrenen Meinung. Dann wird es „feucht" und „sumpfig": Die klimatische Eigenschaft ist Feuchtigkeit. Damit ist stehende Flüssigkeit in Verbindung mit Erde gemeint. Zu viel Erde in Form von „trüber Feuchtigkeit" führt in den Sumpf und bewirkt Starrsinn. Zu viel Sinnieren überfordert. Das Anhaften an alten Strukturen und im Sumpf der Situationen stecken bleiben ist die Folge. Es geht nicht vorwärts, da hilft kein noch so intensives Abstrampeln, im Gegenteil – umso schlimmer wird es. Statt nach Alternativen fürs „Strampeln" zu suchen, versinkt er in einer Depression.

Die damit einhergehende mangelnde Flexibilität in unserer sich ständig wandelnden Berufswelt ist die Hauptursache für deren Unbill. Das nimmt schon manchmal zwanghafte Züge an. „Das haben wir immer so gemacht" – hemmt. In einer sich massiv wandelnden Welt müssen sich irgendwann auch die standfestesten Bollwerke beugen und geraten so unter Stress. Dann fallen klare Entscheidungen plötzlich schwer. Das Grübeln hört nicht auf. Die negative Sicht, nicht gut genug zu sein, überwiegt. Aktives Handeln entfällt.

Typische Beispiele für Erde

- Aufbürden von immer mehr Arbeit ohne Aussicht auf Besserung
- Sie möchten etwas verändern, verfallen in die gleichen Muster
- Innerliche Kündigung bzw. Resignation, durch das Gefühl nichts an der Situation ändern zu können

- Arbeitsverhinderung durch andere Kollegen
- Selbstzweifel durch Über- oder Unterforderung

Anti-Stress-Tipps für den Ausgleich

Stabilität ist wichtig, wenn der Erde-Typ aber in seinem Sumpf steckt und keinen Millimeter vorankommt, wird es kritisch. Das Gefühl der Aussichtslosigkeit aus der festgefahrenen Situation herauszukommen, die fehlende Perspektive der Änderung, all das macht die Sorgen übermächtig.

Wer so in diesem morastigen Kopf Kino feststeckt, braucht ihn erdende und stärkende Gefühle und vor allem Sicherheit im Alltag. Der Gegenpol der Sorge, die Fürsorge zu sich selbst, muss wiederentdeckt werden und die Fähigkeit das Handeln, also das eigene Geschick wieder in die eigenen Hände zu nehmen. Jetzt ist für die Betroffenen die realistische Akzeptanz der Situation, wie sie sich momentan darstellt, erst mal am wichtigsten. Diese bildet die Basis für eine spätere Veränderung. Die Sorgengedanken helfen im Moment nicht. Stattdessen gilt es den Körper zu stärken.

Krafttraining, Massage, Progressive Muskelentspannung, Waldspaziergänge – Natur. All das stärkt das Qi.

Von außen ist dann die Überzeugung durch Fakten das Gebot der Stunde. Manchmal muss gar nicht viel geändert werden, wenn man sich die Wahrheit betrachtet. Das Grübeln hat nur die Aussicht darauf versperrt. Alle Gedankengänge und guten Vorsätze helfen nicht, wenn sie nur gedacht werden und quasi im Kopf stecken bleiben. Es gilt, sie in die Tat umzusetzen, Standpunkte zu ordnen und Schritte zu definieren, wie man aus der Situation wieder rauskommt. Mit Anstrengung etwas zu erschaffen und zu erreichen, schafft dann ein positives Gefühl, wenn die Rahmenbedingungen passen.

Für alle Menschen, die in der Erde feststecken und sich dem Wandel des Lebens entgegenstellen, wird es unweigerlich zu Schwierigkeiten kommen. Daher ist es immer besser sich freiwillig von veralteten Ein- und Vorstellungen zu verabschieden. Das Loslassen von belastenden Dingen, rigiden Einstellungen und starren Glaubenssätzen geht nicht von heute auf morgen und kann je nachdem eine therapeutische Begleitung sinnvoll machen.

Schaffen Sie im Unternehmen ein Klima, in dem Projekte wirklich realisiert werden können und die Mitarbeiter vernünftig arbeiten können. Häufig sind die in einem Unternehmen gewachsenen Strukturen durchaus sinnvoll. Es bedarf manchmal des Blickes nach innen, von allen Beteiligten, um diese besser zu nutzen. Sind die Positionen festgefahren, hilft ein guter Realitätssinn: Ist den Beteiligten klar, dass man unter Beibehaltung sinnvoller Strukturen eine Verbesserung erreichen kann?

Tipps gegen (aufkommende) Feuchtigkeit

- Legen Sie Ihren Starrsinn ab und seien Sie offen für Neues.
- Ausgleich erhalten Sie über das Element Wasser.
- Schaffen Sie Klarheit im Sumpf und seinen Sie flexibel.
- Ausgleich erhalten Sie über das Element Holz.
- Durchbrechen Sie eingefahrene Strukturen mit Leichtigkeit.

Das Element Metall
Die Stressebene: „Trockenheit" und Erstarrung
Metall steht für innere Ordnung und die Konzentration auf das Wesentliche. Es ist das Gegenteil von Chaos. Dabei ist der Metall-Typ ein eher sensibler, dünnhäutiger Mensch. Das dicke Fell, um Belastungen abzufedern fehlt. In der Balance liegt ein großes Potenzial für Wachstum. Mit einem Hang zur Kontrolle und Pedanterie hüllt er sich allerdings manchmal zu oft in festgelegtes Verhalten, damit ihn nichts Unerwartetes verletzt.

Die Gelassenheit und sein Pflichtbewusstsein machen den Metall-Typus zum geschätzten Kollegen. Die Personifizierung des Spruches: „In der Ruhe liegt die Kraft", ist für ein Unternehmen von großem Wert. Mitarbeiter, die konzentriert einer starken Struktur anhängen und diese auch selbst schaffen können, geben ein gutes Beispiel. Fehlt jedoch der notwendige konzentrierte Rahmen, sind die von außen herangetragenen Anforderungen oder auch der eigene Anspruch an sich selbst zu hoch, besteht das Risiko des Rückzugs, um sich sicher zu fühlen. Die übertriebene Prinzipientreue führt nicht zu einem „Augen zu und durch", sondern zu einer Art Erstarrung und nichts geht mehr. Wer zwanghaft seine Regeln für sich selbst einhalten muss, geht an seinen eigenen Anforderungen an sich selbst, die ihn wie einen Sklaven arbeiten lassen, unter. Die Ansprüche an Qualität und die Einstellung keine Fehler machen zu dürfen, treiben den Menschen in seine eigene Trockenheit.

Wenn sich Metall-Typen dann wehr- und schutzlos fühlen, jammern und beschweren sie sich häufig. Da ihnen der Schutzschild fehlt, brauchen sie andere Menschen, um ihre Sorgen und Beschwerden abzuladen. Das korreliert mit ihrem starken Willen auch zur Unabhängigkeit und drückt sich oft in anhaltender Melancholie und Hoffnungslosigkeit bis hin zur Depression aus. Hatte der Stress bereits krankmachende Funktion, muss derjenige erst einmal wieder zu sich kommen und seine innere Ordnung und Stärke wiederherstellen. Das Ziel dabei ist es, zur positiven Eigenschaft des Metalls zurück zu gelangen, der Konzentrationsfähigkeit.

Typische Beispiele für Trockenheit

- der Vorgesetzte pocht auf sein Recht
- die Regeln des Qualitätsmanagements schnüren die Mitarbeiter ein
- Fehler werden geahndet und „bestraft".
- gegenseitige Schuldzuweisungen
- nur die Arbeit zählt!

Anti-Stress-Tipps für den Ausgleich

Für den Metall-Typ gilt es im wahrsten Sinne des Wortes, die Abwehrkräfte zu stärken. Zu viel Ordnung und Disziplin lassen die Kreativität vertrocknen. Auch der Hang zur Perfektion kann zur Belastung werden. Die Kunst ist es, das kreative Chaos mit der Ordnung zu verbinden, daraus ergibt sich das Gleichgewicht der Elemente.

Hypnose und Selbsthypnose bilden dafür hervorragende Brücken: Darüber lernt man, die eigene Mitte wiederzufinden, innere Ruhe, Achtsamkeit und das auf sich und die eigenen Stärken besinnen. Bewusste Klausur lehrt, die Kräfte zu sammeln. Dabei hilft es sehr,

Meditations- und Konzentrationsübungen nicht als Last anzusehen, sondern mit Freude und Hingabe anzugehen. Das Abschließen und sich Verabschieden von Dingen und Personen kann notwendig sein und einen wichtigen Ausgangspunkt für den Neuanfang bilden. Werden die Angelegenheiten geklärt, kann der Alltag über das Element Wasser wieder zu fließen beginnen.

Aber auch die Organisationsstrukturen eines Unternehmens können sehr hilfreich sein: Schaffen Sie im Unternehmen Zeiten und Räume in denen ein Klima der Konzentration möglich ist. Dies hilft nicht nur dem Metall-Typus, sondern allen Mitarbeitern. Unser Arbeitsalltag ist von fremdbestimmten Unterbrechungen durchzogen. Nicht selten sind die größten Unterbrecher und damit Arbeitsverhinderer genau die Tools und Menschen, die zum Arbeiten motivieren sollen: Meetings und Manager. Sich wieder auf das Wesentliche zu konzentrieren, will gelernt sein. Besprechungen nicht mehr als Zeitvernichtungsmaschinerie, sondern als Effizienzmethode zu etablieren, ist eine Aufgabe. Gehen Sie sie bewusst an. Managen Sie nicht die Leere, sondern die Fülle. Geben Sie Ihren Mitarbeitern Phasen in denen Sie sich zurückziehen können. Die ihnen Konzentration und den Fokus auf die Aufgabe ermöglichen. Wer immerzu abgelenkt wird, verliert mittelfristig. Sich, das Projekt, den Job. Nur wer seine Aufmerksamkeit im Griff hat und nicht von jeder piepsenden Nachricht oder dem vibrierenden Smartphone aus dem Rhythmus gerissen wird, kann sich ausschließlich seiner Arbeit widmen. Heutzutage ist es ein Zeichen mentaler Überlegenheit sich selbst, aber auch seine Mitarbeiter vor der allgegenwärtigen Informationsbelästigung zu schützen.

Für die Planung und Strukturierung von Gedanken ist es sehr sinnvoll, wenn die Mitarbeiter sich zentriert aus dem Tagesgeschäft zurückziehen dürfen.

Tipps gegen Trockenheit

- Nehmen Sie sich die Zeit und den Raum, um wirklich zu sich zu kommen.
- Ausgleich erhalten Sie über das Element Holz.
- Durchbrechen Sie eingefahrene Strukturen mit Leichtigkeit.
- Ausgleich erhalten Sie über das Element Feuer.
- Lassen Sie tiefe Freude in Ihr Herz.

Das Element Wasser
Die Stressebene: „Kälte" und Angst
Wasser ist DAS Lebenselixier. Der menschliche Körper, mit seinen zahlreichen Körperflüssigkeiten, besteht hauptsächlich aus Wasser. Die positive Eigenschaft des Elementes Wasser ist es, ins Stocken geratene Abläufe wieder „zum Fließen" zu bekommen. Die Geduld hilft dabei – nach dem Motto: „Steter Tropfen höhlt den Stein". Das Wasser ist dabei zum einen sehr flexibel und kann in vielen Formen auftreten: Dampf, Wasser in flüssiger Form und als Eis. Gleichzeitig ist es sehr kraftvoll. Man stelle sich nur die Wirkungskraft von heißem Dampf oder die enorme Power eines Wasserfalles vor. Wassertypen befinden sich stets auf der Suche nach der Wahrheit.

Wozu braucht es in einem Unternehmen Menschen mit solch seelischer Tiefe – die in ihrer Balance stehend so robust und unerschütterlich wirken, wie ein stark verwurzelter Baum? Ok – das war eine rhetorische Frage. Ein scharfer, analytischer Verstand, der den Rückhalt einer größeren Gruppe nicht braucht, weil er selbst in der Lage ist, eine Situation schnell zu erfassen, ist im Gegenteil ungeheuer wertvoll für ein Unternehmen. Zudem fällt es ihnen leicht, konstruktive Kritik zu üben. Schwierig wird es, wenn sie nur Aufgaben übernehmen, die den eigenen Zielen dienlich zu sein scheinen und für eigene Fehler andere verantwortlich machen. Dann wird aus einem vermeintlichen Einzelgänger ein Einzelkämpfer. Auf diese Weise unterdrücken sie die in der mangelnden Wasser-Balance aufbrechenden tiefen Ängste und überspielen sie durch nur noch zur Schau gestellte Stärke. Denn die Emotion die dem Wasser zugeordnet ist, ist die Angst.

Fehlt es an körperlicher und mentaler Kraft, werden die Tage unendlich lang und der Erschöpfungsgrad nimmt täglich zu. Dieser Stress geht sprichwörtlich, aber oft auch tatsächlich „an die Nieren" und greift das Energiereservoir an. Die Überlastung führt dazu, dass das Vertrauen in die Handhabbarkeit der Situation verloren geht. Dem Druck von außen ausgeliefert, fühlt man sich getrieben und sieht schwarz. Veränderungspotenzial hat diese Sichtweise nicht mehr und in diese festgefahrene Situation schleicht sich immer stärker werdende Angst. Das schränkt die Handlungsfähigkeit der Betroffenen dann noch weiter ein. Ein Mitarbeiter der Angst hat, kann nicht effizient arbeiten. Vielleicht schafft er es noch effektiv zu sein, aber danach ist Schluss. Haben Mitarbeiter Ängste vor den Maßregelungen des Vorgesetzten, dem fachlichen Kern der übertragenen Aufgabe oder gar dem Verlust des Arbeitsplatzes, wird ihre Leistungsfähigkeit extrem eingeschränkt. Auch wenn die Angst in der Regel emotional von den Mitarbeitern als sehr viel größer empfunden wird, als sie sich in der Realität manifestiert, lähmt sie trotzdem. In dieser Blockadehaltung ist es schwer, die Realitäten noch richtig einschätzen zu können. Durchbricht man dies nicht, kommt die Angst vor der Angst hinzu und die Angstmuster nehmen immer mehr Besitz von den Betroffenen. In dieser Phase wird die Angst als übermächtig empfunden und kann sich bis zur Panik steigern.

Es gibt zum einen Vorgesetzte oder Kollegen die anderen Mitarbeiter im wahrsten Sinne des Wortes beängstigen. Zum anderen sind es besonders ängstliche Mitarbeiter, die Situationen als besonders bedrohlich empfinden, wo in Wirklichkeit jedoch kein Anlass zu Panik besteht.

Die klimatisch negative Eigenschaft von Wasser, die sich ansonsten Bahn bricht, ist die Kälte. Hier ist vor allem die emotionale Kälte gemeint. Aus Durchschlagskraft wird Erstarrung. In einer frostigen Atmosphäre kann Wasser nicht fließen. Die Betroffenen sind dann von einer in der Regel übertrieben empfundenen Angst wie gelähmt. Im Grunde gute Ideen und Aktionen bleiben unausgeführt, weil die Beteiligten der Mut verlassen hat.

Typische Beispiele emotionaler Kälte

- die Mitarbeiter werden nur als Human Resources betrachtet
- funktionieren die Mitarbeiter nicht mehr, werden sie gemaßregelt und mit Repressalien bedroht
- es werden Leistungen abverlangt, die die Geschäftsführung nicht selber bereit wäre zu leisten oder auf ähnliches zu verzichten

- die Anerkennung und Wertschätzung für die geleistete Arbeit bzw. die Person des Mitarbeiters fehlt
- Sie sind über Wochen streitgeladenen Konflikten ausgesetzt
- Mobbing durch Vorgesetzte und Kollegen
- emotionales Ausgrenzen von Mitarbeitern
- Lästern über Schwächen anderer Mitarbeiter

Anti-Stress-Tipps für den Ausgleich

Es gibt zum einen Vorgesetzte oder Kollegen, die andere Mitarbeiter im wahrsten Sinne des Wortes beängstigen. Zum anderen sind es besonders ängstliche Mitarbeiter, die Situationen als besonders bedrohlich empfinden, wo in Wirklichkeit jedoch kein Anlass zu Panik besteht. Da diese Muster automatisch ablaufen, sollten es die Verantwortlichen, wenn möglich, erst gar nicht so weit kommen lassen.

Schaffen Sie als Verantwortlicher die Voraussetzungen für die Klarheit des Wassers. Eliminieren Sie die Angst, indem Sie diffusen Gerüchten keinen Raum lassen, sondern indem Sie das direkte Gespräch mit dem entsprechenden Mitarbeiter suchen. Es braucht den sachlichen Informationsfluss über die tatsächlichen Vorgänge im Unternehmen auf der einen, und die ausgesprochenen Worte, dass jegliche Angst an der Stelle unbegründet und vollkommen überzogen ist, auf der anderen Seite. Geben Sie die Sicherheit, dass es real sehr viel besser für die Betroffenen aussieht. Zur Sicherheit gehört Vertrauen, dass die beschlossen Maßnahmen von allen Beteiligten auch umgesetzt werden. Schaffen Sie ein klares, offenes möglichst angstfreies Klima – bauen Sie Vertrauen auf.

Der Aufbau von Vertrauen baut gleichzeitig Unsicherheit und auch Ängste zwischen Vorgesetzten und Belegschaft ab. Das braucht viel Kommunikation statt vorwiegend Information und funktioniert nicht ohne emotionale Intelligenz. Abgestumpfte Machtmenschen sind selten in der Lage, Beziehungen zu managen. Kommunikation darf nie nur Informationsübermittlung sein und doch bleibt die Informationsvermittlung ein wertvoller Teil der Kommunikation. Ob es sich um das Delegieren einzelner Aufgaben durch die Teamleitung handelt oder ob eine umfassende Reorganisation durch das Human Resources bevorsteht: Kennen die Mitarbeiter die Grundlagen für die Unternehmensprozesse im Rahmen der anstehenden Veränderungen, oder können sie sie einschätzen, ist es leichter, dem Unternehmen zu vertrauen.

Haben Sie jetzt das Gefühl, in einer Position zu sein, die Ihnen keinen Rechtfertigungsdruck für Entscheidungen mehr aufhalst, dann möchte ich Sie bitten, mit dieser Form von gezieltem Informationsmanagement vor allem das „Wozu?" zu erklären. Die Antwort darauf deckt die Absicht hinter einem Handeln auf. Der Grund wird zur Nebensache. Die Kenntnis des Zwecks hingegen, der Sinn und die zukünftigen Absichten, helfen gerade dem Element Wasser, nicht nur Ängste zu vermeiden, sondern – mit im Boot – eigene Pläne und Strategien zu entwickeln, wie man dahin gelangt. So fließt das Wasser (wieder) und sucht sich seinen flexiblen Weg (selbst) aus einer (drohenden) Erstarrung. Auch wenn Reorganisation zwar ein inszeniertes Verhalten der Unternehmensleitung bleibt, liegen doch in dem geweckten Verständnis für die Gründe immense Vorteile der organisationalen Veränderung. Vor allem aber mindert es bei den Mitarbeitern das Gefühl der Opferrolle, die in Angst mündet. Schaffen Sie eine Mut-Kultur, lassen Sie Wachstum und neue kreative Ideen zu, dann steht sogar dem Wandel zum Holz nichts mehr entgegen.

Werden Sie auch auf anderen Wegen aktiv, indem Sie einerseits Vorgesetzte und Kollegen darauf aufmerksam machen, wenn sie bewusst oder unbewusst zur Klimaverschärfung der Angst beitragen. Andererseits ist immer auch der Betroffene der direkte richtige Adressat, indem Sie ihn auf seine Alternativen hinweisen. Oft genügt es, ihn an bereits erfolgreich abgeschlossene Projekte zu erinnern, in denen er sein „umfließendes" Talent gezeigt hat Probleme zu lösen. Haben die Betroffenen das Gefühl mit mehreren Alterativen auf die Situation angemessen zu reagieren, verliert die Angst ihre Schrecken.

Tipps gegen emotionale Kälte

- Schaffen Sie Klarheit in Ihren Gefühlen.
- Ausgleich erhalten Sie über das Element Feuer. Das Feuer schmelzt jeden emotionalen Eisblock.
- Ausgleich erhalten Sie über das Element Erde. Eine Bodenständige, realistische Betrachtung hilft.

7

Der Anti-Stress-Raumanzug in 15 Sekunden

Aber was, wenn ich eine Art Soforthilfe brauche? Wenn gar nichts mehr geht. Wenn die Nerven blank liegen und das innere Gleichgewicht Samba tanzt? Gibt es auch da im Rahmen dieses Ansatzes Möglichkeiten? Ja. Oder besser gesagt: Und ob. Es ist der Raum, „in dem" Einklang herrscht und sich dies sofort in purer Energie bemerkbar macht. Denn die Energie, das Qi, ist überall. Es umgibt uns stetig und steht uns zur freien Verfügung. Im Grunde müssen wir es nur anzapfen.

Wie? Indem Sie in Ihren ureigenen Anti-Stress-Raumanzug schlüpfen, der Sie ganz ins Hier und Jetzt transformiert. Raum ist in Fülle vorhanden. Raum beinhaltet das feinste Qi der Lebensenergie (Abb. 7.1).

© Springer Fachmedien Wiesbaden GmbH, ein Teil von Springer Nature 2019
S. Assian, *Der Anti-Stress-Trainer für Personalverantwortliche,*
Anti-Stress-Trainer, https://doi.org/10.1007/978-3-658-22599-5_7

Abb. 7.1   Der Anti-Stress-Raumanzug. (Quelle:123rf)

Dafür ist es nötig, alles, was man im Bewusstsein festhält loszulassen, das Bewusstsein zur Ruhe zu bringen. Wenn man es schafft, alle Vorstellungen im Bewusstseinsfluss wie Wolken vorbeiziehen zu lassen, statt sie festzuhalten, dann wird das Bewusstsein langsam ruhig und klar, so wie ein Spiegel. Gewinnen wir eine Art von spiegelklarem Bewusstsein, so ist dies der Weg zur unerschütterlichen Ruhe – zum Raum. In ihm geschieht die Welt auch weiterhin so wie sie sich dreht, nichts ändert etwas daran. Aber Sie erkennen: Alles was Sie erreichen können, liegt bereits in Ihnen selbst.

Nur im Hier und Jetzt, in diesem einen Moment, kann man sich eins fühlen mit sich selbst. An diesem Schnittpunkt zum nächsten Augenblick liegt die eigene Existenz. Dies ist kaum beschreibbar, denn das geht nur über den Verstand. Der ist jedoch begrenzt und stetig darauf fokussiert, Probleme zu lösen und uns das Leben zu erleichtern.

Außerhalb dieser Angelegenheiten, gibt er keine Antworten. Der Raum ist unbegrenzt und erfahrbar über verschiedene Übungswege, wie Yoga oder die Meditation. Diese Methoden können dazu beitragen, dass wir uns nicht mehr getrennt von der Natur, außerhalb von uns und der Natur in uns wahrnehmen. Hier verbinden sich also auch die Elemente mit den Ebenen und führen in ein sofortiges Gleichgewicht.

Der Zugang dazu ist von allen Ebenen und Elementen möglich. Den 15-Sekunden-Anti-Stress-Trainer können Sie mit ein bisschen Übung jederzeit einsetzen – selbst mitten im Meeting – ohne dass es Ihr Umfeld bemerkt. Sie müssen nicht mal die Augen schließen dafür, sondern sich lediglich für ein paar Sekunden völlig zentriert sammeln und konzentrieren, so als befänden Sie sich gerade im Auge des Sturms und hätten einen Raumanzug an. Der Raumanzug ist eine innere Übung und wird mit der Zeit zur inneren Einstellung, die Ihnen viel Stress erspart. Der Raumanzug ist kostenlos und sofort einsetzbar. Sie müssen Ihn nur anziehen.

Der physische Körper und das Element Erde – „Im Auge des Sturms"

Ihr Umfeld und Sie selbst sind ständig in Bewegung. Durch äußerliche und innerliche Stressreaktionen, wie „Kampf" oder „Flucht" verändern Sie die Situation nicht wirklich und schaden nur sich und anderen. Nun kommen Sie stattdessen zur Ruhe, indem Sie sich da kurz „herausnehmen" und innehalten. Bewusst und durchaus körperlich: Sie bleiben nicht nur gedanklich „stehen", sondern auch physikalisch. Sie fühlen den Boden unter sich und stellen Ihr Körpergefühl wieder her, indem Sie sich ganz und real erspüren: Spüren Sie den Raum des Elementes Erde, dann sind Sie ein bodenständiger Teil der Erde.

Praktische Übung: Stopp!

Stellen Sie sich vor, man hält einen Film plötzlich an und es wird ein bewegungsloses Standbild daraus. Genau das tun Sie selbst: Sie rufen (oder sagen es sich leise): Stopp! Stoppen Sie die Aktion bei der Sie sind. Tun Sie absolut nichts mehr – trainieren Sie keinen einzigen Muskel zu bewegen. Sie denken vielleicht, dass diese Übung sehr einfach ist, doch wenn Sie sie praktisch durchführen, werden Sie merken, dass bestimmte Muskeln immer noch angespannt sind. Sie spüren auf einmal Ihr Atmen. Sie hören Ihren Herzschlag.

Entscheidend ist die äußere und innere Bewegungslosigkeit für ein paar Sekunden. In dieser Zeit versuchen Sie jetzt ganz genau wahrzunehmen, was in Ihnen vorgeht, was Sie sehen, hören, fühlen, riechen. Sie sind mit all Ihren Sinnen in diesen Raum und sind ein Teil von ihm. Je öfter Sie diese Momentaufnahme von sich machen, umso einfacher und bereichernder wird sie. Sie werden sich wundern, was Sie alles wahrnehmen können und sich selbst ein ganzes Stück besser kennenlernen. In dieser Zeit können Sie rein physikalisch weder andere noch sich schädigen. Da sich Anspannung und Entspannung ausschließen, werden Sie sofort ruhiger. Ihr Stresslevel sinkt.

3-Sekunden-Achtsamkeit

„Ich schaffe innerlich Abstand und Raum."

„Ich spüre mich hier in meinen Raumanzug."

„Ich tue nichts."

Der energetische Körper und das Element Holz – „Die Urkraft des Atmens"

Unabhängig davon, wo Sie sich befinden, die feinstoffliche Energie des Raumes ist schon da. Sie schwimmen gerade in der Suppe von Energie, es ist Ihnen jedoch nicht bewusst. Sie sind von allen Seiten mit Energieräubern konfrontiert, egal ob es das Smartphone ist oder der Kollege am Nachbarschreibtisch, der Ihre Aufmerksamkeit zerstreut. Wir nehmen 11 Mio. Sinneseindrücke in der Sekunde auf – ok, nur 60 davon schaffen es in unser Bewusstsein, aber – hey: SECHZIG in EINER SEKUNDE! Dazu die 60.000 Gedanken pro Tag, von denen nur etwa 3000 positiv sind – das heißt, wir sind permanent beschäftigt, selbst wenn wir augenscheinlich nichts tun. Kaum einmal gelingt es uns die automatische Gedankenflut zu stoppen. Daran ist nichts verkehrt. Doch hemmt es vielleicht hin und wieder unsere Wahrnehmung für unseren augenblicklichen Seelenzustand.

Praktische Übung: Entspannt atmen

Hektik droht Sie zu vereinnahmen? Kommen Sie von Ihrem Energielevel wieder herunter. Dem schnellen Atmen, der Kurzatmigkeit, dem Schnauben vor Wut, gilt es die Ruhe der Momente des Nichtatmens zwischen den Atemzügen entgegenzusetzen. Atmen Sie ganz bewusst in den Moment. Bitte halten Sie nicht den Atem an. Atmen Sie im Gegenteil voller und tiefer, als Sie es sonst automatisiert tun. Achten Sie vor allem auf die Lücken zwischen jedem Atemzug. Indem Sie derart innehalten, geben Sie Ihrem Energietank die Chance, sich wieder aufzufüllen. Je sanfter Ihre Atmung, umso mehr energetische

Ruhe wird Ihnen zufließen. Quasi von selbst wird Ihr Atmen sanfter. Durch verbundene Achtsamkeit und Konzentration auf die Atemstille stellt sich automatisch Erholung ein.

Gehen Sie am Anfang am besten kurz vor die Türe nach draußen. Wenn die Sonne scheint, hilft dies sehr, aber auch ohne Sonnenlicht, werden Sie die frische Luft in Ihren Lungen spüren, die Ihnen ein Raumanzug überstreift. Die Atmung und der Geist sind die einfachsten Stellschrauben denen das Qi folgt. Wie können Sie Atem und Geist sofort zur Ruhe bringen? Indem Sie sich auf die Ruhe im Atem konzentrieren. Automatisch fließt das Qi.

Aus Sicht des Elementes Holz, da Sie weniger Wind erzeugen, wird es automatisch windstill.

3-Sekunden-Achtsamkeit
„Es atmet mich."

„Ich bin Energie in meinen Raumanzug."

„Ich bin windstill."

Der mentale Körper und das Element Metall – „Die Gedankenlücke"
Sie fühlen sich zerstreut, chaotisch und unkonzentriert? Finden Sie wieder zu Ihrer inneren Mitte. Schaffen Sie sich generell ein Umfeld, das Konzentration möglich macht. So werden Sie die Dinge besser ordnen und klären können und Ihren wahren inneren Kern finden.

Außerdem geht es hier darum, sich auf die Lücke zwischen den Gedanken zu konzentrieren. Innerlich hat die Zeit keine Grenzen und liegt unendlich vor Ihnen. Ein Gedanke kommt, der nächste Gedanke kommt.

Wenn Sie es kurz schaffen an nichts zu denken, ist es unmöglich zu grübeln, sich zu ärgern oder sich Sorgen zu machen. Dadurch wird sich automatisch Ihre geistige Einstellung zu Ihrem Umfeld verändern. Der Geist folgt dem Qi. Wenn Ihr Geist ruhig ist, beruhigt sich auch das Qi in ihrem Kopf.

Praktische Übung: Die Lücke zwischen zwei Gedanken
Ihr Unterbewusstsein will eigentlich die Kontrolle über das Gehirn behalten und sucht nach einer Lösung, Sie an der Kontrolle zu hindern. Es wird bald eine Möglichkeit finden, auch diesen Trick zu umgehen. Doch er hilft Ihnen langfristig, in die Gedankenleere zu kommen.

Nutzen Sie dafür die Lücke zwischen zwei Gedanken. Stellen Sie sich dafür ein Laufband mit Paketen vor. Es sind kleine und große Pakete dabei. Manch ein Paket ist leicht, das andere wieder schwer. Diese Pakete kommen von irgendwoher in unser Gehirn und wollen sich verwirklichen. Zwischen zwei Paketen ist auf einem Laufband immer eine Lücke. Wechseln Sie von dem Gedanken auf die Lücke, dann haben Sie den Gedanken verlassen. Sie müssen sich das nur bildlich vorstellen, dann ist es ganz einfach. Sie befinden sich jetzt zwischen zwei Gedanken, also in der Gedankenleere.

Diese Methode können Sie auf zwei verschiedene Arten anwenden. Die einfachste davon ist, sich auf die Lücke hinter dem Gedanken zu konzentrieren. Die wirkungsvollste jedoch ist, die Lücke vor dem Gedanken zu nutzen. Denn Sie wissen jetzt, was der Gedanke beinhaltet. Wenn Sie die Lücke vor dem Gedanken sperren, dann stoppen Sie langsam das Band der Gedanken. Den nächsten

Gedanken kennen Sie bereits und nehmen diesen nicht mehr an.

Die Gedankenleere ist das vollkommene Loslassen. Es ist ein Zustand, den Sie leicht bei sich erreichen können. Dadurch, dass Sie nur noch das denken, was Sie wollen und zwischenzeitlich überwiegend Gedankenleere üben, kommen keine Gedanken mit Sorgen usw. mehr in Ihnen auf.

3-Sekunden-Achtsamkeit
„Ich bin die Ordnung meiner Gedanken."
„Ich bin Teil des Raumes."
„Ich bin mit allen verbunden."

Der intuitive, unterbewusste Körper und das Element Wasser – „Mein persönlicher Schutzraum"
Kennen Sie das Gefühl, Sie kommen in einen Raum hinein und spüren diffuse Gefühle und Ihre Intuition schaltet auf Rot? Sie fühlen sich durch unterschwellige Emotionen wie Aggressionen, Wut, Neid beeinträchtigt. Dann wird es Zeit, den emotionalen Raumanzug anzuziehen.

Praktische Übung: Der Raumanzug
Erstellen Sie einen unterbewussten emotionalen Schutzmantel: Erfühlen Sie die Größe Ihres emotionalen Schutzmantels. Nehmen Sie Ihre rechte Hand und spüren Sie Ihrer Hand nach, während Sie sie auf Ihre Brust zubewegen. Fühlen Sie selbst den besten Abstand für Ihren emotionalen Schutzmantel. Dort spüren Sie die Energie Ihres Körpers, dies ist Ihr unbewusster Raumanzug.

Befüllen Sie diesen Raumanzug mit positiven Gefühlen wie Gelassenheit, Freude, Zuversicht, Hoffnung.

Der Raumanzug funktioniert am besten bei positiver, aber auch bei neutraler Energie. Sobald Sie selbst aggressiv reagieren, durchbrechen Sie Ihren eigenen Raumanzug und werden angreifbar. Hier ein kurzer praktischer Test, dass Ihr Raumanzug nur bei positiver Einstellung funktioniert. Ballen Sie Ihre Hände zur Faust und stellen Sie sich vor, wie Sie einen Menschen hassen. Nehmen Sie die Faust und gehen mit der Faust auf Ihre Brust zu. Ihr Raumanzug hat genau an der Stelle ein Loch. Der Stress und die negativen Gefühle, die Sie aussenden, fallen auf Sie zurück. Wie Siegfried mit dem Blatt… trotz Drachenblut. Dort kann Sie der Speer, der Stress erwischen! Daher ist die unterbewusste Einstellung wichtig. Sobald Sie emotional neutral oder positiv sind, baut sich der Schutzmantel sofort wieder auf. Jetzt wechseln Sie wieder Ihre eigene emotionale Einstellung und der Raumanzug tut wieder was er soll: Sie schützen.

Stellen Sie sich vor, dass Ihre und alle negativen Gefühle der anderen erst durch diesen Raumanzug hindurchmüssen! Sie fühlen sich automatisch sofort sicher und geschützt.

Entspannen Sie sich und stellen Sie sich Situationen vor, vor denen Sie vor allem emotionalen Schutz benötigen. Probieren Sie es in der Praxis aus und es werden Wut, Stress, Angst oder Vergleichbares von Ihrem unterwussten Schutzmantel abprallen.

Dies ist der Raum des Wassers, der Sie flexibel vor jedweder emotionalen Kälte schützt.

3-Sekunden-Achtsamkeit

„Ich bin positive Emotion."

„Mein Raumanzug steht auf Schutz."

„Ich fühle mich sicher und geborgen."

Der seelische Körper und das Element Feuer – „Ich bin"

„Wer bin ich hier und jetzt. Was bleibt, wenn ich meiner Rolle entschlüpfe?" Es gibt ein Sein, das nichts mit Rechthaben zu tun hat, wo Sie niemandem etwas beweisen müssen, wo Status keine Rolle spielt. Dort gibt es nichts, was von Ihnen in einer bestimmten Zeit erledigt werden muss, weil dieser Raum zeitlos ist. Betrachtet nicht der Verstand, sondern die Seele die Situation, bleiben Werte wie Gnade, Liebe, Verzeihen, etc. Egal was passiert, Sie dürfen in jedem Moment Seele sein. Es ist der natürliche Zustand ganz und vollständig zu sein, genau das, was man wirklich ist, ohne von Emotionen oder Aufregung berührt zu werden. Im Grunde können Sie sofort in einen Zustand der vollkommenen Harmonie eintreten.

Vielleicht sind Sie es gerade in der Millisekunde, wo Sie dieses Buch lesen. Wichtig dabei: Auch ohne spirituelle Praktiken erlebt diesen Zustand jeder irgendwann in seinem Leben, aber der normalerweise ununterbrochene Gedankenfluss unseres Hirns verhindert, dass dieser Zustand lange andauert – sodass wir ihn vielfach, wenn überhaupt, dann nur flüchtig wahrnehmen. Es ist Ihr Leben. Stress, Widerstand und gleichzeitig auf Ihre Seele achten, kann nicht funktionieren. Achten Sie auf Ihre Seele und die Seele wird automatisch auf Sie Acht geben.

Dies ist der Raum des Elementes Feuer: Lassen Sie allen Stolz, Status, alle Widerstände, Zerstörungen, los. Was bleibt dann?

Diese Antwort können Sie nur sich selbst geben.

Dies ist der eigentliche Zugang zu Ihrem Raum.

Praktische Übung
Sie brauchen nichts mehr praktisch zu üben. Sie dürfen einfach sein!

3-Sekunden-Achtsamkeit oder Ihr ganzes Leben
„Ich bin" (Abb. 7.2).

Abb. 7.2   Liebvoller Umgang – ich bin. (Quelle:123rf)

Über den Initiator der Anti-Stress-Trainer- Reihe

Peter Buchenau gilt als der Indianer in der deutschen Redner-, Berater- und Coaching-Szene. Selbst ehemaliger Top-Manager in französischen, Schweizer und US-amerikanischen Konzernen kennt er die Erfolgsfaktoren bei Führungsthemen bestens. Er versteht es, wie kaum ein anderer, auf sein Gegenüber einzugehen, zu analysieren, zu verstehen und zu fühlen. Er liest Fährten, entdeckt Wege und Zugänge und bringt Zuhörer und Klienten auf den richtigen Weg.

© Springer Fachmedien Wiesbaden GmbH, ein Teil von Springer Nature 2019
S. Assian, *Der Anti-Stress-Trainer für Personalverantwortliche*, Anti-Stress-Trainer, https://doi.org/10.1007/978–3-658–22599-5

Peter Buchenau ist Ihr Gefährte, er begleitet Sie bei der Umsetzung Ihres Weges, damit Sie Spuren hinterlassen – Spuren, an die man sich noch lange erinnern wird. Der mehrfach ausgezeichnete Chefsache-Ratgeber und Geradeausdenker (denn der effizienteste Weg zwischen 2 Punkten ist immer noch eine Gerade) ist ein Mann von der Praxis für die Praxis, gibt Tipps vom Profi für Profis. Heute ist er auf der einen Seite Vollblutunternehmer und Geschäftsführer, auf der anderen Seite Sparringspartner, Mentor, Autor, Kabarettist und Dozent an Hochschulen. In seinen Büchern, Coachings und Vorträgen verblüfft er die Teilnehmer mit seinen einfachen und schnell nachvollziehbaren Praxisbeispielen. Er versteht es vorbildhaft und effizient ernste und kritische Sachverhalte so unterhaltsam und kabarettistisch zu präsentieren, dass die emotionalen Highlights und Pointen zum Erlebnis werden.

Stress ist laut der WHO die gefährlichste Krankheit des 21. Jahrhunderts. Stress wirkt aber von Mensch zu Mensch und somit auch von Berufsgruppe zu Berufsgruppe verschieden. Die von Peter Buchenau initiierte Anti-Stress-Trainer-Reihe beschreibt wichtige berufsgruppenspezifische Stressfaktoren und mögliche Lösungsansätze. Zu der Reihe lädt er ausschließlich Experten aus der jeweiligen Berufsgruppe als Autor ein, die sich dem Thema Stress angenommen haben. Als Zielgruppe sind hier Kleinunternehmer, Vorgesetzte und Inhaber in mittelständischen Unternehmungen sowie Führungskräfte in öffentlichen Verwaltungen und Konzernen angesprochen.

Mehr zu Peter Buchenau unter www.peterbuchenau.de.